Carl Schmitt / Theorie des Partisanen

Theorie des Partisanen

Zwischenbemerkung zum Begriff des Politischen

Von

Carl Schmitt

Zweite Auflage

DUNCKER & HUMBLOT / BERLIN

Alle Rechte vorbehalten
© 1975 Duncker & Humblot, Berlin 41
Unveränderter Nachdruck der 1. Auflage von 1963
Gedruckt 1975 bei fotokop, wilhelm weihert, Darmstadt
Printed in Germany

ISBN 3 428 01332 8

Ernst Forsthoff
zum 60. Geburtstag gewidmet
13. September 1962

Vorwort

Die vorliegende Abhandlung zur *Theorie des Partisanen* ist aus zwei Vorträgen entstanden, die ich im Frühjahr 1962 gehalten habe, nämlich am 15. März in Pamplona, auf Einladung des Estudio General de Navarra, und am 17. März in der Universität Saragossa, im Rahmen der Veranstaltungen der *Cátedra Palafox*, auf Einladung ihres Direktors, Professor Luis García Arias. Der Vortrag ist in den Publikationen der *Cátedra* Ende 1962 gedruckt erschienen.

Der Untertitel *Zwischenbemerkung zum Begriff des Politischen* erklärt sich aus dem konkreten Augenblick der Veröffentlichung. Der Verlag macht zur Zeit den Text meiner Schrift aus dem Jahre 1932 wieder zugänglich. In den letzten Jahrzehnten haben sich mehrere Corollarien zum Thema ergeben. Die vorliegende Abhandlung ist kein solches Corollarium, sondern eine, wenn auch nur skizzenhafte, selbständige Arbeit, deren Thema unvermeidlich in das Problem der Unterscheidung von Freund und Feind einmündet. So möchte ich denn diese Ausarbeitung meiner Vorträge vom Frühjahr 1962 in der anspruchslosen Form einer Zwischenbemerkung vorbringen und auf diese Weise allen denen zugänglich machen, die der schwierigen Diskussion des Begriffs des Politischen bisher mit Aufmerksamkeit gefolgt sind.

Februar 1963 *Carl Schmitt*

Inhaltsverzeichnis

Einleitung .... 11—37
Blick auf die Ausgangslage 1808/13 11
Horizont unserer Betrachtung 17
Wort und Begriff Partisan 20
Blick auf die völkerrechtliche Lage 28

Entwicklung der Theorie .... 38—70
Preußisches Mißverhältnis zum Partisanentum 38
Der Partisan als preußisches Ideal 1813 und die Wendung zur Theorie 45
Von Clausewitz zu Lenin 52
Von Lenin zu Mao Tse-tung 58
Von Mao Tse-tung zu Raoul Salan 65

Aspekte und Begriffe des letzten Stadiums .... 71—96
Raumaspekt 71
Zertrümmerung sozialer Strukturen 75
Der weltpolitische Zusammenhang 77
Technischer Aspekt 79
Legalität und Legitimität 83
Der wirkliche Feind 87
Vom wirklichen zum absoluten Feind 91

Einleitung

Blick auf die Ausgangslage 1808/13

Die Ausgangslage für unsere Überlegungen zum Problem des Partisanen ist der Guerrilla-Krieg, den das spanische Volk in den Jahren 1808 bis 1813 gegen das Heer eines fremden Eroberers geführt hat. In diesem Kriege stieß zum ersten Male Volk — vorbürgerliches, vorindustrielles, vorkonventionelles Volk — mit einer modernen, aus den Erfahrungen der französischen Revolution hervorgegangenen, gut organisierten, regulären Armee zusammen. Dadurch öffneten sich neue Räume des Krieges, entwickelten sich neue Begriffe der Kriegführung und entstand eine neue Lehre von Krieg und Politik.

Der Partisan kämpft irregulär. Aber der Unterschied von regulärem und irregulärem Kampf hängt von der Präzision des Regulären ab und findet erst in modernen Organisationsformen, die aus den Kriegen der französischen Revolution entstehen, seinen konkreten Gegensatz und damit auch seinen Begriff. Zu allen Zeiten der Menschheit und ihrer vielen Kriege und Kämpfe hat es Kriegs- und Kampfregeln gegeben, und infolgedessen auch Übertretung und Mißachtung der Regeln. Insbesondere haben sich in allen Zeiten der Auflösung, z. B. während des 30jährigen Krieges auf deutschem Boden (1618—48), ferner in allen Bürgerkriegen und allen Kolonialkriegen der Weltgeschichte immer wieder Erscheinungen gezeigt, die man partisanisch nennen kann. Nur ist dabei zu beachten, daß, für eine Theorie des Partisanen im ganzen, die Kraft und Bedeutung seiner Irregularität von der Kraft und Bedeutung des von ihm in Frage gestellten Regulären bestimmt wird. Eben dieses Reguläre des Staates wie der Armee erhält sowohl im französischen Staat wie in der französischen Armee durch Napoleon eine neue, exakte Bestimmtheit. Die zahllosen Indianerkriege der weißen Eroberer gegen die amerikanischen Rothäute vom 17. bis zum 19. Jahrhundert, aber auch die Methoden der Riflemen im amerikanischen Unabhängigkeitskrieg gegen die reguläre englische Armee (1774—83) und der Bürgerkrieg in der Vendée zwischen Chouans und Jakobinern (1793—96) gehören sämtlich noch in das vor-napoleonische Stadium. Die neue Kriegskunst der regulären Armeen Napoleons war aus der neuen, revolutionären Kampfesweise entstanden. Einem preußischen Offizier von damals kam der ganze Feldzug Napoleons gegen Preußen 1806 nur wie eine „Parteigängerei im Großen" vor[1].

Der Partisan des spanischen Guerrilla-Krieges von 1808 war der erste, der es wagte, irregulär gegen die ersten modernen regulären Armeen zu kämpfen. Napoleon hatte im Herbst 1808 die reguläre spanische Armee geschlagen; der eigentliche spanische Guerillakrieg begann erst nach dieser Niederlage der regulären Armee. Es gibt noch keine vollständige, dokumentierte Geschichte des spanischen Partisanenkrieges[2]. Sie ist, wie Fernando Solano Costa (in seinem in der An-

---

[1] Eberhard Kessel, Die Wandlung der Kriegskunst im Zeitalter der französischen Revolution, Historische Zeitschrift Bd. 148 (1933) S. 248 f., und 191 (1960) S. 397 ff. (Besprechung von Quimby, The Background of Napoleonic Warfare); Werner Hahlweg, Preußische Reformzeit und revolutionärer Krieg, Beiheft 18 der Wehrwissenschaftlichen Rundschau, Sept. 1962, S. 49/50: „Napoleon hat daraus (sc. aus der neuen Kampfesweise der revolutionären Massen-Volksheere) ein nahezu musterhaft vollendetes System, seine Operationen des großen Krieges, seine große Taktik und seine große Strategie geschaffen." Der preußische Offizier und Publizist Julius v. Voß meinte, der ganze Feldzug Napoleons 1806 könnte „eine Partheigängerei im Großen genannt werden" (W. Hahlweg, a. a. O., S. 14).

[2] Aus den Publikationen der Cátedra *General Palafox* der Universität Saragossa vgl. den Band *La Guerra Moderna* 1955: Fernando de Salas Lopez, Guerillas y quintas columnas (II, p. 181—211); aus dem Band *La Guerra de la Independencia Española y los Sitios de Zaragoza* 1958: José Maria Jover Zamora, La Guerra de la Independencia Española en el Marco de las Guerras Europeas de Liberacion (1808—1814) p. 41—165; Fernando Solano Costa, La Resistencia Popular en la Guerra de la Independencia: Los Guerrilleros (p. 387—423); Antonio Serrano Montalvo, El Pueblo en la Guerra de la Independencia: La Resistencia en las Ciudades (p. 463—530). Die beiden grundlegenden Aufsätze von Luis Garcia Arias finden sich in La Guerra Moderna, I (Sobre la Licitud de la Guerra Moderna) und in Defensa Nacional, 1960, El Nuevo Concepto de Defensa Nacional. F. Solano Costa stellt am Schluß seines zitierten Aufsatzes fest, daß es bisher an einer dokumentierten Geschichte der spanischen Volksbewegung gegen Napoleon fehlt. Doch müssen wir seinen Aufsatz — ebenso wie den von José Jover Zamora — als eine hervorragende Zusammenfassung hier besonders nennen und als eine wichtige Quelle unserer Informationen dankbar hervorheben. Die spanischen Geschichtswerke behandeln den Guerrillakrieg unterschiedlich, und jedenfalls nicht so, daß eine dem heutigen Interesse genügende Gesamtdarstellung vorliegt (Conde de

merkung zitierten Aufsatz *Los Guerrilleros*) sagt, notwendig, aber auch sehr schwierig, weil der gesamte spanische Guerrilla-Krieg sich aus annährend 200 regionalen Kleinkriegen in Asturien, Aragonien, Katalanien, Navarra, Kastilien usw. zusammensetzte, unter der Führung von zahlreichen Kämpfern, deren Namen von vielen Mythen und Legenden umwoben ist, unter ihnen Juan Martín Díez, der als der *Empecinado* ein Schrecken der Franzosen wurde und die Straße von Madrid nach Saragossa unsicher machte[3]. Dieser Partisanenkrieg wurde auf beiden Seiten mit schauerlichster Grausamkeit geführt, und es ist kein Wunder, daß mehr zeitgeschichtliches Material von den gebildeten, Bücher und Memoiren schreibenden *Afrancesados,* den Franzosenfreunden, als von den Guerrilleros gedruckt worden ist. Wie nun aber auch immer Mythos und Legende auf der einen, dokumentierte Historie auf der anderen Seite sich hier verhalten mögen, die Linien unserer Ausgangslage sind jedenfalls klar. Nach Clausewitz stand oft die Hälfte der gesamten französischen Streitmacht in Spanien und war die Hälfte davon, nämlich 250-260 000 Mann, durch Guerrilleros gebunden, deren Zahl von Gomez de Arteche auf 50 000, von andern weit niedriger geschätzt wird.

Toreno, Modesto Lafuente t. 5, Rodriguez de Solis, José M. Garcia Rodriguez); am ausführlichsten noch José Gomez de Arteche in Bd. 4, 5, 7, 9, 11 und 14 seiner Geschichte des Unabhängigkeitskrieges. Auf die französischen, englischen und deutschen Darstellungen einzugehen, würde hier zu weit führen; vgl. die ausgezeichnete Übersicht in dem Bericht „El Guerrillo y su Trascendencia" von Fernando Solano Costa, in den Veröffentlichungen des Congreso Historico Internacional de la Guerra de la Independencia y su Epoca, der Institucion Fernando el Catolico, Zaragoza März/April 1959; dort auch der Bericht „Aspectos Militares de la Guerra de la Independencia", von Santiago Amado Loriga, und „La Organizacion administrativa Francesa en Espana" von Juan Mercader Riba.
[3] Zur Literatur vgl. F. Solano Costa, a. a. O., S. 387, 402, 405; Gregorio Marañon hat den Abschnitt über den *Empecinado* aus dem englischen Buch von Hardman, Peninsular Scenes and Sketches, Edinburgh und London 1847, in einer spanischen Übersetzung herausgegeben. José de Arteche druckt in Bd. 14 einen Vortrag über den *Empecinado* als Anhang ab. Neben dem Empecinado wäre der Pfarrer Merino zu nennen, dem die letzte Erzählung in dem genannten, von G. Marañon herausgegebenen „Empecinado" gewidmet ist. Der Empecinado und der Pfarrer Merino standen 1823, als die Franzosen im Auftrag der Heiligen Allianz in Spanien einmarschiert waren (die berühmten „hunderttausend Söhne des Heiligen Ludwig"), auf entgegengesetzten Fronten: der Empecinado auf seiten der Konstitutionalisten, der Pfarrer Merino auf seiten der absolutistischen Restauration und der Franzosen.

Zur Situation des spanischen Partisanen von 1808 gehört vor allem, daß er den Kampf auf seinem engeren Heimatboden riskierte, während sein König und dessen Familie noch nicht genau wußten, wer der wirkliche Feind war. In dieser Hinsicht verhielt sich die legitime Obrigkeit damals in Spanien nicht anders wie in Deutschland. Außerdem gehört es zur spanischen Situation, daß die gebildeten Schichten des Adels, des hohen Klerus und des Bürgertums weithin *afrancesados* waren, also mit dem fremden Eroberer sympathisierten. Auch in dieser Hinsicht ergeben sich Parallelen mit Deutschland, wo der große deutsche Dichter Goethe Hymnen zum Ruhme Napoleons dichtete und die deutsche Bildung sich niemals endgültig darüber klar wurde, wohin sie nun eigentlich gehörte. In Spanien wagte der Guerrillero den aussichtslosen Kampf, ein armer Teufel, ein erster typischer Fall des irregulären Kanonenfutters weltpolitischer Auseinandersetzungen. Das alles gehört als Ouvertüre zu einer Theorie des Partisanen.

Ein Funke sprang damals von Spanien zum Norden. Er hat dort nicht denselben Brand entfacht, der dem spanischen Guerrilla-Krieg seine weltgeschichtliche Bedeutung gab. Aber er löste dort eine Wirkung aus, deren Weiterführung heute, in der zweiten Hälfte des 20. Jahrhunderts, das Antlitz der Erde und ihrer Menschheit verändert. Er bewirkte eine *Theorie* des Krieges und der Feindschaft, die folgerichtig in der Theorie des Partisanen gipfelt.

Zunächst wurde im Jahre 1809, während des kurzen Krieges, den das Kaisertum Österreich gegen Napoleon führte, ein planmäßiger Versuch gemacht, das spanische Vorbild nachzuahmen. Die österreichische Regierung in Wien inszenierte mit Hilfe berühmter Publizisten, darunter Friedrich Gentz und Friedrich Schlegel, eine nationale Propaganda gegen Napoleon. Spanische Schriften wurden in deutscher Sprache verbreitet[4]. Heinrich von Kleist eilte herbei und setzte nach

---

[4] Peter Rassow, Die Wirkung der Erhebung Spaniens auf die Erhebung gegen Napoleon I, Historische Zeitschrift 167 (1943) S. 310—335, behandelt die Flugschrift des spanischen Ministers Ceballos, Ernst Moritz Arndt und Kleists „Katechismus der Deutschen"; weiteres Schrifttum bei W. Hahlweg, a. a. O., S. 9, Anm. 9 bis 13 (zu den Aufständen in Deutschland 1807—1813). Auch der Oberst von Schepeler, der später als Geschichtsschreiber des spanischen Unabhängigkeitskrieges

diesem österreichischem Kriege von 1809 die franzosenfeindliche Propaganda in Berlin fort. Er wurde in diesen Jahren, bis zu seinem Tode im November 1811, der eigentliche Dichter des nationalen Widerstandes gegen den fremden Eroberer. Sein Drama „Die Hermannsschlacht" ist die größte Partisanendichtung aller Zeiten. Er hat auch ein Gedicht *An Palafox* verfaßt und darin den Verteidiger Saragossas mit Leonidas, Arminius und Wilhelm Tell in eine Reihe gestellt[5]. Daß die Reformer im preußischen Generalstab, vor allem Gneisenau und Scharnhorst, von dem spanischen Beispiel aufs tiefste beeindruckt und beeinflußt waren, ist bekannt und wird im folgenden noch weiter zu erörtern sein. In der Gedankenwelt dieser preußischen Generalstabsoffiziere von 1808—1813 liegen auch die Keime des Buches *Vom Kriege,* durch das der Name Clausewitz einen fast mythischen Klang erhalten hat. Seine Formel vom *Krieg als der Fortsetzung der Politik* enthält bereits *in nuce* eine Theorie des Partisanen, deren Logik durch Lenin und Mao Tse-tung zu Ende geführt worden ist, wie wir noch zeigen werden.

Zu einem wirklichen Guerrilla-Volkskrieg, der im Zusammenhang unseres Partisanenproblems erwähnt werden müßte, kam es nur in Tirol, wo Andreas Hofer, Speckbacher und der Kapuzinerpater Haspinger tätig wurden. Die Tiroler wurden *eine mächtige Fackel,* wie Clausewitz sich ausdrückte[6]. Im übrigen war diese Episode des Jahres 1809 schnell zu Ende. Ebensowenig ist es im übrigen Deutschland zu einem Partisanenkrieg gegen die Franzosen gekommen. Der starke nationale Impuls, der sich in einzelnen Erhebungen und Streifkorps

---

bekannt wurde, hat vom Norden her an österreichischen Plänen eines bewaffneten Aufstandes gegen die Franzosen mitgearbeitet: Hans Jureschke, El Colonel von Schepeler, Caracter y Valor informativo de su obra historiografica sobre el reinado de Fernando VII. in der Revista de Estudios Politicos Nr. 126 (Sonder-Nummer über die Verfassung von Cadiz 1812) S. 230.

[5] Rudolf Borchardt hat Kleists Gedicht *An Palafox* in seine Sammlung *Ewiger Vorrat deutscher Poesie* (1926) aufgenommen. Übrigens war der Verteidiger Saragossas, der General Palafox, kein Partisan, sondern regulärer Berufsoffizier, und die heldenhafte Verteidigung der Stadt durch die ganze Bevölkerung, Männer und Frauen, war, wie Hans Schomerus (vgl. S. 38 Anm. 19) hervorhebt, noch kein Partisanenkampf, sondern regulärer Widerstand gegen eine reguläre Belagerung.

[6] Carl von Clausewitz, Politische Schriften und Briefe, herausgegeben von Dr. Hans Rothfels, München 1922, S. 217.

zeigte, mündete sehr schnell und restlos in die Bahnen des regulären Krieges ein. Die Kämpfe des Frühlings und Sommers 1813 fanden auf dem Schlachtfeld statt, und die Entscheidung fiel in offener Feldschlacht, im Oktober 1813 bei Leipzig.

Der Wiener Kongreß von 1814/15 stellte, im Rahmen einer allgemeinen Restauration, auch die Begriffe des europäischen Kriegsrechts wieder her[7]. Das war eine der erstaunlichsten Restaurationen der Weltgeschichte. Sie hatte den enormen Erfolg, daß dieses Kriegsrecht des gehegten kontinentalen Landkrieges noch im ersten Weltkrieg 1914—18 die europäische Praxis der militärischen Landkriegsführung beherrschte. Noch heute heißt dieses Recht *klassisches* Kriegsrecht, und es verdient diesen Namen auch. Denn es kennt klare Unterscheidungen, vor allem die von Krieg und Frieden, von Kombattanten und Nicht-Kombattanten, und von Feind und Verbrecher. Der Krieg wird von Staat zu Staat als ein Krieg der regulären, staatlichen Armeen geführt, zwischen souveränen Trägern eines *jus belli*, die sich auch im Kriege als Feinde respektieren und nicht gegenseitig als Verbrecher diskriminieren, so daß ein Friedensschluß möglich ist und sogar das normale, selbstverständliche Ende des Krieges bleibt. Angesichts einer solchen klassischen Regularität — solange sie wirkliche Geltungskraft hat — konnte der Partisan nur eine Randerscheinung sein, wie er das

---

[7] Eine Reihe der Restaurationen des Wiener Kongresses sind als solche in das allgemeine Bewußtsein gedrungen, z. B. das dynastische Legitimitätsprinzip und das legitime Königtum, ferner: der hohe Adel in Deutschland und der Kirchenstaat in Italien und — auf dem Weg über das Papsttum — der Jesuitenorden. Weniger bewußt ist das große Werk der Restauration des jus publicum Europaeum und seiner Hegungen des Landkrieges zwischen europäischen souveränen Staaten, eine Restauration, die sich, wenigstens in den Lehrbüchern des Völkerrechts, als „klassische" Fassade bis heute erhalten hat. In meinem Buch „Der Nomos der Erde im jus publicum Europaeum" ist die Unterbrechung durch die Kriege der französischen Revolution und der napoleonischen Zeit nicht ausführlich genug behandelt; das hat Hans Wehberg in seiner Besprechung (Friedenswarte Bd. 50, 1951, S. 305/14) mit Recht bemängelt. Doch kann ich jetzt, wenigstens zur teilweisen Ergänzung, auf die Untersuchungen von Roman Schnur über Frankreichs völkerrechtliche Ideen und Praxis von 1789 bis 1815 hinweisen, von denen bisher ein Aufsatz „Land und Meer" in der Zeitschr. f. Politik, 1961 S. 11 ff., erschienen ist. In den Rahmen des Restaurationswerkes der Hegung des europäischen Krieges gehört auch die dauernde Neutralität der Schweiz und ihre dauernde *situation unique,* vgl. Nomos der Erde S. 222.

tatsächlich noch während des ganzen ersten Weltkrieges (1914—18) gewesen ist.

Horizont unserer Betrachtung

Wenn ich gelegentlich von *modernen* Theorien über den Partisanen spreche, so muß ich zur Klarstellung des Themas betonen, daß es *alte* Theorien des Partisanen im Gegensatz zu modernen hier eigentlich gar nicht gibt. Im klassischen Kriegsrecht des bisherigen europäischen Völkerrechts ist für den Partisanen im modernen Sinne kein Platz. Er ist entweder — wie im Kabinettskrieg des 18. Jahrhunderts — eine Art *leichter*, besonders beweglicher, aber regulärer Truppe, oder er steht als ein besonders abscheulicher Verbrecher einfach außerhalb des Rechts und ist *hors la loi*. Solange im Kriege noch etwas von der Vorstellung eines Duells mit offenen Waffen und Ritterlichkeit enthalten war, konnte das auch nicht anders sein.

Mit der Einführung der allgemeinen Wehrpflicht allerdings werden alle Kriege der Idee nach Volkskriege, und es kommt dann bald zu Situationen, die für ein klassisches Kriegsrecht schwierig und oft sogar unlösbar sind, wie die einer mehr oder weniger improvisierten *levée en masse,* oder der Freikorps und der Franktireurs. Davon wird noch die Rede sein. Grundsätzlich jedenfalls bleibt der Krieg *gehegt,* und der Partisan steht außerhalb dieser Hegung. Es wird jetzt sogar sein Wesen und seine Existenz, daß er außerhalb jeder Hegung steht. Der moderne Partisan erwartet vom Feind weder Recht noch Gnade. Er hat sich von der konventionellen Feindschaft des gezähmten und gehegten Krieges abgewandt und in den Bereich einer anderen, der wirklichen Feindschaft begeben, die sich durch Terror und Gegen-Terror bis zur Vernichtung steigert.

Zwei Arten des Krieges sind im Zusammenhang mit dem Partisanentum besonders wichtig und in einem gewissen Sinne sogar mit ihm verwandt: der Bürgerkrieg und der Kolonialkrieg. Im Partisanentum der Gegenwart ist dieser Zusammenhang geradezu spezifisch. Das klassische europäische Völkerrecht verdrängte diese beiden gefährlichen

Erscheinungsformen des Krieges und der Feindschaft an den Rand. Der Krieg des *jus publicum Europaeum* war ein zwischen*staatlicher* Krieg, den eine reguläre staatliche Armee mit einer andern regulären staatlichen Armee führte. Der offene Bürgerkrieg galt als ein bewaffneter Aufstand, der mit Hilfe des Belagerungszustandes durch Polizei und Truppen der regulären Armee niedergeschlagen wurde, wenn er nicht zur Anerkennung der Aufständischen als kriegführender Partei führte. Den Kolonialkrieg hat die Militärwissenschaft europäischer Nationen wie England, Frankreich und Spanien nicht aus dem Auge verloren. Doch stellte das alles den regulären Staatenkrieg als klassisches Modell nicht in Frage[8].

Rußland muß hier besonders genannt werden. Die russische Armee hat während des ganzen 19. Jahrhunderts mit asiatischen Bergvölkern viele Kriege geführt und sich niemals so ausschließlich auf den regulären Armeenkrieg beschränkt, wie das die preußisch-deutsche Armee getan hat. Außerdem kennt die russische Geschichte den autochthonen Partisanenkampf gegen die napoleonische Armee. Im Sommer 1812 belästigten und störten russische Partisanen unter militärischer Führung die französische Armee auf dem Vormarsch nach Moskau; im Herbst und Winter desselben Jahres haben russische Bauern die frierenden und hungernden Franzosen auf der Flucht erschlagen. Das Ganze dauerte nicht viel mehr als ein halbes Jahr, genügte aber, um ein geschichtlicher Vorgang von großer Wirkung zu werden, freilich mehr durch seinen politischen Mythos und seine verschiedenen Deutungen als durch seine paradigmatische Wirkung für die kriegswissenschaftliche Theorie. Wir müssen hier wenigstens zwei verschiedene, sogar entgegengesetzte Deutungen dieses russischen Partisanenkrieges von 1812 erwähnen: eine anarchistische, die durch Bakunin und Kropotkin begründet und durch Schilderungen in Tolstojs Roman *Krieg und Frieden* weltberühmt wurde, und die bolschewistische Verwertung durch Stalins Taktik und Strategie des revolutionären Krieges.

---

[8] Vgl. die im Sachregister meines Buches „Der Nomos der Erde" (1950 in Köln erschienen, seit 1960 im Duncker & Humblot Verlag, Berlin) unter den Stichworten: Bürgerkrieg, Feind, *justa causa* und *justus hostis* genannten Seiten.

Tolstoj war kein Anarchist von der Art Bakunins oder Kropotkins, aber seine literarische Wirkung war um so größer. Sein Epos *Krieg und Frieden* enthält mehr mythenbildende Kraft als jede politische Doktrin und jede dokumentierte Historie. Tolstoj erhebt den russischen Partisanen des Jahres 1812 zum Träger der elementaren Kräfte der russischen Erde, die den berühmten Kaiser Napoleon mitsamt seiner glänzenden Armee von sich abschüttelt wie ein lästiges Ungeziefer. Der ungebildete, analphabetische Muschik ist bei Tolstoj nicht nur stärker, sondern auch intelligenter als alle Strategen und Taktiker, intelligenter vor allem auch als der große Feldherr Napoleon selbst, der zu einer Marionette in den Händen des geschichtlichen Geschehens wird. Stalin hat diesen Mythos des bodenständigen nationalen Partisanentums im zweiten Weltkrieg gegen Deutschland aufgegriffen und sehr konkret in den Dienst seiner kommunistischen Weltpolitik gestellt. Das bedeutet ein wesentlich neues Stadium des Partisanentums, an dessen Beginn der Name Mao Tse-tung steht.

Sei dreißig Jahren finden in großen Gebieten der Erde harte Partisanenkämpfe statt. Sie begannen schon 1927, vor dem zweiten Weltkrieg, in China und andern asiatischen Ländern, die sich später gegen die japanische Invasion von 1932 bis 1945 zur Wehr setzten. Während des zweiten Weltkrieges wurden Rußland, Polen, der Balkan, Frankreich, Albanien, Griechenland und andere Gebiete Schauplatz dieser Art Kriege. Nach dem zweiten Weltkrieg setzte sich der Partisanenkampf in Indochina fort, wo ihn der vietnamesische Kommunistenführer Ho Chi-minh und der Sieger von Dien Bien Phu, der General Vo Nguyen Giap, gegen die französische Kolonialarmee besonders wirksam organisierten, ferner in Malaya, auf den Philippinen und in Algerien, auf Zypern unter dem Oberst Griwas, und auf Cuba unter Fidel Castro und Che Guevara. Zur Zeit, 1962, sind die indochinesischen Länder Laos und Vietnam Gebiete eines Partisanenkrieges, der täglich neue Methoden der Überwältigung und Überlistung des Feindes entwickelt. Die moderne Technik liefert immer stärkere Waffen und Vernichtungsmittel, immer vollkommenere Verkehrsmittel und Methoden der Nachrichtenübermittlung, sowohl für den Partisanen wie für die reguläre Truppe, die ihn bekämpft. In dem Teufelskreis von Terror und Gegenterror ist die Bekämpfung des Partisanen oft nur ein Spiegelbild des Partisanenkampfes selbst, und immer von neuem bewährt sich die Richtigkeit des alten Satzes, der meistens als ein Befehl Napoleons an den General Lefèvre vom 12. September 1813 zitiert wird: mit Partisanen muß man als Partisan kämpfen; *il faut opérer en partisan partout où il y a des partisans.*

Auf einige besondere Fragen einer völkerrechts-juristischen Normierung soll später (S. 28) eingegangen werden. Das Grundsätzliche versteht sich von selbst; die Anwendung auf die konkreten Situationen einer rapiden Entwicklung ist umstritten. Es gibt aus diesen letzten Jahren ein eindrucksvolles Dokument des Willens zum totalen Widerstand, und zwar nicht nur des Willens, sondern auch der detaillierten Anweisung für den konkreten Vollzug: die schweizerische *Kleinkriegsanleitung für jedermann,* die vom Schweizerischen Unteroffiziersverband unter dem Titel *Der totale Widerstand* herausgegeben und von Hauptmann H. von Dach verfaßt ist (2. Auflage, Biel, 1958). Auf über 180 Seiten gibt sie ihre Anleitungen für passiven und aktiven Widerstand gegen eine fremde Invasion, mit genauen Hinweisen für Sabotage, Untertauchen, Verstecken der Waffen, Organisation der Handstreiche, Spitzelbekämpfung usw. Die Erfahrungen der letzten Jahrzehnte sind sorgfältig verwertet. Diese moderne Kriegsanleitung für jedermann trägt an der Spitze den Hinweis, daß ihr „Widerstand bis zum äußersten" sich an das Haager Abkommen über die Gesetze und Gebräuche des Landkrieges und die Vier Genfer Abkommen von 1949 zu halten hat. *Das versteht sich von selbst.* Auch ist nicht schwer zu berechnen, wie eine normale reguläre Armee auf die praktische Handhabung jener Kleinkriegsanweisung (z. B. S. 43: lautloses Erledigen von Posten durch Erschlagen mit dem Beil) reagieren würde, solange sie sich nicht besiegt fühlt.

Wort und Begriff Partisan

Die kurze Aufzählung einiger bekannter Namen und Ereignisse, mit der wir eine erste Umschreibung des Horizontes unserer Betrachtung versucht haben, läßt die unermeßliche Fülle des Stoffes und der Problematik erkennen. Es empfiehlt sich deshalb, einige Merkmale und Kriterien zu präzisieren, damit die Erörterung nicht abstrakt und uferlos wird. Ein erstes solches Merkmal haben wir gleich zu Beginn unserer Darlegung genannt, als wir davon ausgingen, daß der Partisan ein *irregulärer* Kämpfer ist. Der reguläre Charakter bekundet sich in der Uniform des Soldaten, die mehr ist als ein Berufsanzug, weil sie eine Beherrschung der Öffentlichkeit demonstriert und mit der Uniform auch die Waffe offen und demonstrativ zur Schau getragen wird. Der feindliche Soldat in Uniform ist das eigentliche Schußziel des modernen Partisanen.

Als ein weiteres Merkmal drängt sich uns heute das intensive politische Engagement auf, das den Partisanen vor andern Kämpfern kennzeichnet. An dem intensiv politischen Charakter des Partisanen muß schon deshalb festgehalten werden, weil er von dem gemeinen Räuber und Gewaltverbrecher unterschieden werden muß, dessen Motive auf eine private Bereicherung gerichtet sind. Dieses begriffliche Kriterium des *politischen* Charakters hat (in exakter Umkehrung) dieselbe Struktur wie beim Piraten des Seekriegsrechts, zu dessen Begriff der *unpolitische* Charakter seines schlimmen Tuns gehört, das auf privaten Raub und Gewinn gerichtet ist. Der Pirat hat, wie die Juristen sagen, den *animus furandi*. Der Partisan kämpft in einer politischen Front, und gerade der politische Charakter seines Tuns bringt den ursprünglichen Sinn des Wortes *Partisan* wieder zur Geltung. Das Wort kommt nämlich von *Partei* und verweist auf die Bindung an eine irgendwie kämpfende, kriegführende oder politisch tätige Partei oder Gruppe. Derartige Bindungen an eine Partei werden in revolutionären Zeiten besonders stark.

Im revolutionären Krieg impliziert die Zugehörigkeit zu einer revolutionären Partei nicht weniger als die totale Erfassung. Andere Gruppen und Verbände, insbesondere auch der heutige Staat, vermögen ihre Mitglieder und Angehörigen nicht mehr so total zu integrieren wie eine revolutionär kämpfende Partei ihre aktiven Kämpfer erfaßt. In der umfangreichen Diskussion über den sogenannten totalen Staat ist noch nicht recht zum Bewußtsein gekommen, daß heute nicht der *Staat* als solcher, sondern die revolutionäre *Partei* als solche die eigentliche und im Grunde einzige totalitäre Organisation darstellt[9]. Rein organisatorisch im Sinne des straffen Funktionierens von Befehl und Gehorsam muß man sogar sagen, daß manche revolutionäre Organisation mancher regulären Truppe in dieser Hinsicht überlegen ist und daß eine gewisse Verwirrung im Völkerrecht des Krieges entstehen muß, wenn die Organisation als solche zu einem Kriterium der Regularität gemacht wird, wie das in den Genfer Konventionen vom 12. August 1949 (vgl. unten S. 31) geschehen ist.

Partisan heißt auf deutsch: Parteigänger, einer, der mit einer Partei geht, und was das konkret bedeutet, ist zu verschiedenen Zeiten sehr verschieden, sowohl hinsichtlich der Partei oder der Front, mit der einer geht, wie auch hinsichtlich seines Mitgehens, Mitlaufens, Mitkämpfens und eventuell auch Mitgefangenwerdens. Es gibt kriegführende Parteien, aber auch Parteien des gerichtlichen Prozesses, Parteien der parlamentarischen Demokratie, Meinungs- und Aktionsparteien usw. In romanischen Sprachen kann das Wort substantivisch und adjektivisch verwendet werden: im Französischen spricht man sogar vom *partisan* irgendeiner Meinung; kurz, aus einer ganz allgemeinen, vieldeutigen Bezeichnung wird plötzlich ein hochpolitisches Wort. Die linguistische Parallele mit einem allgemeinen Wort wie *status*, das plötzlich *Staat* bedeuten kann, liegt nahe. In Zeiten der Auflösung, wie im 17. Jahrhundert zur Zeit des Dreißigjährigen Krieges, gerät der irreguläre Soldat in die Nähe von Straßenräubern und Landstreichern; er führt Krieg auf eigene Rechnung und wird zu einer Figur des Schelmenromans, wie der spanische Pícaro des Estebanillo Gonzales, der mit der Schlacht bei Nördlingen (1635) zu tun hatte und im Stil des Soldaten Schwejk davon erzählt, oder so wie man es im Simplizius Simplizissimus von Grimmelshausen nachlesen und in den Stichen und Radierungen von Jacques Callot anschauen kann. Im 18. Jahrhundert gehörte der „Parteigänger" zu Panduren und Husaren und andern Gattungen leichter Truppen, die, als bewegliche Truppe „einzeln fechten" und den sogenannten Kleinen Krieg führen, im Ge-

---

[9] Dazu die Glosse 3 zu dem Aufsatz „Weiterentwicklung des totalen Staates in Deutschland" (1933), abgedruckt in der Sammlung „Verfassungsrechtliche Aufsätze" (Duncker & Humblot) Berlin, 1958, S. 366.

gensatz zu dem langsameren Großen Krieg der Linientruppen. Hier ist die Unterscheidung von regulär und irregulär rein militär-technisch gedacht und keineswegs gleichbedeutend mit legal und illegal in einem juristischen Sinn des Völkerrechts und des Verfassungsrechts. Beim heutigen Partisanen verwischen und überkreuzen sich meistens die beiden Gegensatzpaare von regulär-irregulär und legal-illegal.

Beweglichkeit, Schnelligkeit und überraschender Wechsel von Angriff und Rückzug, mit einem Wort: gesteigerte Mobilität sind auch heute noch ein Merkmal des Partisanen, und dieses Merkmal wird durch Technisierung und Motorisierung sogar noch weiter gesteigert. Nur werden beide Gegensätze durch den revolutionären Krieg aufgelöst, und es entstehen zahlreiche halb- und para-reguläre Gruppen und Formationen. Der mit der Waffe kämpfende Partisan bleibt immer auf die Zusammenarbeit mit einer regulären Organisation angewiesen. Gerade der Mitkämpfer Fidel Castros in Cuba, Ernesto Che Guevara, betont das sehr nachdrücklich[10]. Infolgedessen ergeben sich schon durch die Zusammenarbeit von Regulär und Irregulär manche Zwischenstufen, auch in den Fällen, in denen eine keineswegs revolutionäre Regierung zur Verteidigung des nationalen Bodens gegen einen fremden Eroberer aufruft. Volkskrieg und Kleinkrieg gehen hier ineinander über. In den Reglements für derartige Aufgebote findet sich schon seit dem 16. Jahrhundert die Bezeichnung *partisan*[11]. Wir werden noch zwei wichtige Beispiele einer förmlichen Regelung von Volkskrieg und von Landsturm kennenlernen, die den Guerrilla-Krieg zu regeln suchten. Auf der andern Seite erläßt auch der fremde Eroberer Reglements zur Bekämpfung feindlicher Partisanen. Alle derarti-

---

[10] Ernesto Che Guevara, On Guerrilla Warfare; with an Introduction by Major Harries-Clichy Peterson, (Frederick A. Praeger, New York) 1961, p. 9: It is obvious that guerrilla warfare is a preliminary step, unable to win a war all by itself. Ich zitiere nach dieser Ausgabe, weil mir sowohl die spanische Original-Ausgabe wie auch andere Übersetzungen erst später bekannt geworden sind.
[11] Manuel Fraga Iribarne weist in seinem Aufsatz *Guerra y Politica en el siglo XX* darauf hin, daß es französische Verordnungen über den Widerstand gegen eine feindliche Invasion schon seit 1595 gibt (in der Sammlung: Las Relaciones Internacionales de la Era de la guerra fria, Instituto de Estudios Politicos, Madrid, 1962, p. 29 n. 62); sie gebrauchen die Worte *partisan* und *parti de guerre*; vgl. Anm. 27.

gen Normierungen stehen vor dem schwierigen Problem einer völkerrechtlichen, d. h. für beide Seiten gültigen Regulierung des Irregulären, hinsichtlich der Anerkennung des Partisanen als Kombattant und seiner Behandlung als Kriegsgefangener, und andererseits der Respektierung der Rechte der militärischen Besatzungsmacht. Wir haben schon angedeutet, daß sich hier manche juristischen Kontroversen ergeben, und werden auf den Streit um die Franktireurs des deutsch-französischen Krieges von 1870/71 noch zurückkommen, nachdem wir einen Blick auf die völkerrechtliche Lage geworfen haben (unten S. 28).

Die Tendenz zur Änderung oder auch Auflösung der überkommenen Begriffe — der klassischen Begriffe, wie man heute gerne sagt — ist allgemein und angesichts der rapiden Veränderung der Welt nur allzu begreiflich[12]. Davon wird auch der, wenn man ihn so nennen darf, „klassische" Begriff des Partisanen betroffen. In einem für unser Thema sehr wichtigen, 1961 erschienenen Buch „Der Partisan" von Rolf Schroers wird der illegale Widerstandskämpfer und Untergrundaktivist zum eigentlichen Typus des Partisanen gemacht[13]. Das ist eine Begriffswandlung, die sich hauptsächlich an bestimmten innerdeutschen Situationen der Hitler-Zeit orientiert und als solche beachtlich ist. Die Irregularität wird durch die Illegalität, der militärische Kampf durch den Widerstand ersetzt. Das bedeutet eine, wie mir scheint, weitgehende Umdeutung des Partisanen nationaler Unabhängigkeitskriege und verkennt, daß auch die Revolutionierung des Krieges den militärischen Zusammenhang von regulärer Armee und irregulärem Kämpfer nicht fallengelassen hat.

---

[12] Vgl. meinen Vortrag „El orden del mundo despues de la segunda guerra mundial", Madrid, Revista de Estudios Politicos, 1962, Nr. 122, S. 12, und Verfassungsrechtliche Aufsätze 1958, a. a. O. Stichwort „Klassisch" im Sachregister S. 512.

[13] Rolf Schroers, Der Partisan; ein Beitrag zur politischen Anthropologie, Köln (Kiepenheuer & Witsch) 1961. Auf dieses, für unser Thema besonders wichtige Buch werden wir im Verlauf unserer Erörterung mehrfach zurückkommen; vgl. Anm. 16, 47. Schroers unterscheidet mit Recht den Partisanen vom revolutionären Agenten, Funktionär, Spion, Saboteur. Andererseits identifiziert er ihn mit dem Widerstandskämpfer im allgemeinen. Ich bleibe demgegenüber bei den im Text genannten Kriterien und hoffe, damit eine deutlichere Position bezogen zu haben, die eine fruchtbare Auseinandersetzung ermöglicht.

In manchen Fällen geht die Umdeutung bis zu einer allgemeinen Symbolisierung und Begriffsauflösung. Dann kann schließlich jeder Einzelgänger oder Nicht-Konformist ein Partisan genannt werden, ohne Rücksicht darauf, ob er überhaupt noch daran denkt, eine Waffe in die Hand zu nehmen[14]. Als Metapher braucht das nicht unzulässig zu sein; ich selber habe mich ihrer zur Kennzeichnung geistesgeschichtlicher Figuren und Situationen bedient[15]. In einem übertragenen Sinne heißt ja „Mensch sein ein Kämpfer sein", und der konsequente Individualist kämpft eben auf eigene Rechnung und, wenn er mutig ist, auch auf eigene Gefahr. Er wird dann eben sein eigener Parteigänger. Solche Begriffsauflösungen sind beachtenswerte Zeichen der Zeit, die eine eigene Untersuchung verdienen[16]. Für eine

---

[14] Hans Joachim Sell, „Partisan" (Eugen Diederichs Verlag, Düsseldorf, 1962), ein Roman mit vorzüglichen, psychologisch und soziologisch interessanten Schilderungen adeliger und bürgerlicher Figuren der Bundesrepublik Deutschland in der Situation des Jahres 1950.

[15] Ich habe z. B. Bruno Bauer und Max Stirner als *Partisanen des Weltgeistes* bezeichnet; so in einem Aufsatz über Lorenz von Stein, im Jahre 1940 (Bibliographie Tommissen Nr. 202 und 303) und in einem Vortrag über Donoso Cortés von 1944 (Bibliographie Nr. 49 und 283, 287). In einem Aufsatz zum 250. Todestage von J. J. Rousseau, in der Zürcher Woche Nr. 26 vom 29. Juni 1962, habe ich, unter Bezugnahme auf Rolf Schroers und H. J. Sell, die Gestalt des Partisanen herangezogen, um das umstrittene Bild Rousseaus zu klären. Inzwischen ist mir ein Aufsatz von Henri Guillemin *J. J. Rousseau, trouble-fête* bekannt geworden, der diese Deutung zu bestätigen scheint. Guillemin ist der Herausgeber von Rousseaus „Lettres écrites de la Montagne" (Collection du Sablier, Editions Ides et Calendes, Neuchâtel) 1962, mit einer bedeutenden Vorrede.

[16] Während Schroers (Anm. 13) im Partisanen den letzten Widerstand gegen den Nihilismus einer durchtechnisierten Welt erblickt, den letzten Verteidiger von Art und Boden, ja schließlich den letzten Menschen überhaupt, erscheint der Partisan bei Gerhard Nebel (Unter Partisanen und Kreuzfahrern, Stuttgart, Ernst Klett Verlag, 1950) genau umgekehrt als eine Figur des modernen Nihilismus, der — als das Schicksal unseres Jahrhunderts — alle Berufe und Stände erfaßt, den Priester, den Bauern, den Gelehrten, und so auch den Soldaten. Nebels Buch ist das Kriegstagebuch eines deutschen Soldaten der Jahre 1944/45 in Italien und Deutschland, und es wäre der Mühe wert, seine Darstellung des Partisanentums im damaligen Italien mit der Deutung von Schroers (a. a. O., S. 243) zu vergleichen. Insbesondere trifft Nebels Schilderung in ausgezeichneter Weise den Moment, in dem eine große reguläre Armee sich auflöst und als Gesindel entweder von der Bevölkerung totgeschlagen wird, oder selber totschlägt und plündert, wobei dann beide Teile Partisanen heißen können. Wenn Nebel aber, über seine guten Schilderungen hinaus, die armen Teufel und Schelme als „Nihilisten" einstuft, so ist das nur ein zeitkonformes, metaphysisches Gewürz und gehört heute dazu, nicht anders wie zum Picaro des 17. Jahrhunderts etwas scholastische Theologie gehörte. Ernst Jünger, Der

Theorie des Partisanen, wie sie hier gemeint ist, müssen aber einige Kriterien im Auge behalten werden, damit das Thema nicht in einer abstrakten Allgemeinheit zergeht. Solche Kriterien sind: Irregularität, gesteigerte Mobilität des aktiven Kampfes und gesteigerte Intensität des politischen Engagements.

Ich möchte noch an einem weiteren, vierten Merkmal des echten Partisanen festhalten, das Jover Zamora den *tellurischen* Charakter genannt hat. Es ist wichtig für die trotz aller taktischen Beweglichkeit grundsätzlich defensive Situation des Partisanen, der sein Wesen verändert, wenn er sich mit der absoluten Aggressivität einer weltrevolutionären oder einer technizistischen Ideologie identifiziert. Zwei für uns besonders interessante Behandlungen des Themas, das Buch von Rolf Schroers (Anm. 13) und die Dissertation von Jürg. H. Schmid über die völkerrechtliche Stellung des Partisanen (S. 36/37), stimmen im Grunde mit diesem Kriterium überein. Seine Fundierung auf den tellurischen Charakter scheint mir notwendig, um die Defensive, d. h. die Begrenzung der Feindschaft, raumhaft evident zu machen und vor dem Absolutheitsanspruch einer abstrakten Gerechtigkeit zu bewahren.

Für die Partisanen, die 1808/13 in Spanien, Tirol und Rußland kämpften, ist das ohne weiteres klar. Aber auch die Partisanenkämpfe des zweiten Weltkrieges und der auf ihn folgenden Jahre in Indochina und andern Ländern, die mit den Namen Mao Tse-tung, Ho Chiminh und Fidel Castro genügend bezeichnet sind, lassen erkennen, daß die Verbindung mit dem Boden, mit der autochthonen Bevölkerung und der geographischen Eigenart des Landes — Gebirge, Wald, Dschungel oder Wüste — unvermindert aktuell bleibt. Der Partisan ist und bleibt

---

Waldgang (Frankfurt am Main, 1951, Verlag Vittorio Klostermann) konstruiert den Waldgänger, den er einigemale auch Partisan nennt, als eine „Gestalt" im Sinne seiner Gestalt des „Arbeiters" (1932). Der einzelne, von Apparaten umstellt, gibt die scheinbar aussichtslose Partie nicht verloren, sondern will sie aus innerster Kraft fortsetzen und „entschließt sich zum Waldgang". „Was seinen Ort anbetrifft, so ist Wald überall" (S. 11). Gethsemane z. B., der Ölberg, den wir aus der Passionsgeschichte unseres Heilandes kennen, ist „Wald" im Sinne Ernst Jüngers (S. 73), aber auch das Daimonion des Sokrates (82). Demgemäß wird dem „Rechtslehrer und Staatsrechtslehrer" die Fähigkeit abgesprochen, dem Waldgänger „das nötige Rüstzeug an die Hand zu geben. Dichter und Philosophen sehen den Plan schon besser, der zu behaupten ist" (S. 126). Die wahren Quellen der Kraft kennt nur der Theologe. „Als Theologe ist jeder Wissende verstanden..." (95).

nicht nur vom Piraten, sondern auch vom Korsaren ebenso getrennt, wie Land und Meer als verschiedene Elementarräume menschlicher Arbeit und kriegerischer Auseinandersetzung zwischen den Völkern getrennt bleiben. Land und Meer haben nicht nur verschiedene Vehikel der Kriegsführung und nicht nur verschiedenartige Kriegsschauplätze, sondern auch verschiedene Begriffe von Krieg, Feind und Beute entwickelt[17]. Der Partisan wird mindestens noch so lange einen spezifisch terranen Typus des aktiven Kämpfers darstellen, wie antikolonialistische Kriege auf unserm Planeten möglich sind[18]. Durch einen Vergleich mit typisch seerechtlichen Figuren (S. 34 f.) und eine Erörterung des Raumaspekts (S. 71) wird der tellurische Charakter des Partisanen im Folgenden noch verdeutlicht werden.

Doch wird auch der autochthone Partisan agrarischer Herkunft in das Kraftfeld des unwiderstehlichen, technisch-industriellen Fortschritts hineingerissen. Seine Mobilität wird durch Motorisierung so gesteigert, daß er in Gefahr gerät, völlig entortet zu werden. In den Situationen des Kalten Krieges wird er zum Techniker des unsichtbaren Kampfes, zum Saboteur und Spion. Schon im zweiten Weltkrieg gab es Sabotagetrupps mit Partisanen-Schulung. Ein solcher motorisierter Partisan verliert seinen tellurischen Charakter und ist nur

---

[17] Carl Schmitt, Land und Meer, (Reclam Universalbibliothek Nr. 7536) 1. Aufl. 1942, 2. Aufl. 1954; Der Nomos der Erde (Duncker & Humblot, Berlin) 1950, S. 143, 286; Die geschichtliche Struktur des heutigen Weltgegensatzes von Ost und West, 1955, Bibliographie Tommissen Nr. 239 u. 294. In diesem letztgenannten Aufsatz, der gleichzeitig in der Revista de Estudios Politicos, Nr. 81, Madrid 1955, erschienen ist, habe ich einen Anspruch angemeldet: ich möchte die §§ 247/8 von Hegels Rechtsphilosophie als geistesgeschichtliche Keimzelle für eine Erkenntnis der heutigen technisch-industriellen Welt zur vollen hermeneutischen Entfaltung bringen, nachdem die marxistische Interpretation die vorangehenden §§ 243/6 für die bürgerliche Gesellschaft entfaltet hat.

[18] In ihrer Besprechung des Buches von Rolf Schroers (oben Anm. 13 und 16) rühmt Margret Boveri (in der Zeitschrift *Merkur*, Heft 168, Februar 1962) das Buch *West- und Oestliches Gelände* von *Czeslav Milosz* (Kiepenheuer und Witsch Verlag, Köln, 1961). Der Autor gibt ein lebendiges und sympathisches Bild seines Lebens in Litauen, Polen, Westeuropa, besonders Paris, und erzählt von seinem Untergrunddasein in Warschau während der deutschen Okkupation, wo er Flugblätter gegen die Deutschen verbreitet hat. Er sagt ausdrücklich, daß er kein Partisan war und auch nicht sein wollte (S. 276). Doch kann seine Liebe zur litauischen Heimat und ihren Wäldern einen wohl darin bestärken, an dem tellurischen Charakter des echten Partisanen festzuhalten.

noch das transportable und auswechselbare Werkzeug einer mächtigen, Weltpolitik treibenden Zentrale, die ihn im offenen oder im unsichtbaren Krieg einsetzt und nach Lage der Dinge wieder abschaltet. Auch diese Möglichkeit gehört zu seiner heutigen Existenz und darf in einer Theorie des Partisanen nicht außer acht gelassen werden.

Mit diesen vier Kriterien — Irregularität, gesteigerte Mobilität, Intensität des politischen Engagements und tellurischer Charakter — und mit dem Hinweis auf die möglichen Auswirkungen weiterer Technisierung, Industrialisierung und Entagrarisierung haben wir, vom Begrifflichen her, den Horizont unserer Betrachtung umschrieben. Er erstreckt sich vom Guerrillero der napoleonischen Zeit bis zum gut ausgerüsteten Partisanen der Gegenwart, vom *Empecinado* über Mao Tse-tung und Ho Chi-minh zu Fidel Castro. Das ist ein großes Gebiet, auf dem Geschichtsschreibung und Kriegswissenschaft ein gewaltiges, täglich wachsendes Material erarbeitet haben. Wir benutzen es, soweit es uns zugänglich ist, und versuchen, daraus einige Erkenntnisse für eine Theorie des Partisanen zu gewinnen.

Blick auf die völkerrechtliche Lage

Der Partisan kämpft irregulär. Aber einige Kategorien irregulärer Kämpfer werden den regulären Streitkräften gleichgestellt und erfreuen sich der Rechte und Vorrechte regulärer Kombattanten. Das bedeutet: ihre Kampfhandlungen sind nicht rechtswidrig, und wenn sie in die Gewalt ihrer Feinde geraten, dann haben sie Anspruch auf besondere Behandlung als Kriegsgefangene und Verwundete. Die Rechtslage hat in der Haager Landkriegsordnung vom 18. Oktober 1907 eine Zusammenfassung gefunden, die heute als allgemein gültig anerkannt ist. Nach dem zweiten Weltkrieg ist die Entwicklung durch vier Genfer Konventionen vom 12. August 1949 weitergeführt worden, von denen zwei das Los der Verwundeten und Kranken im Landkrieg und Seekrieg, eine dritte die Behandlung von Kriegsgefangenen und die vierte den Schutz von Zivilpersonen in Kriegszeiten regeln. Zahlreiche Staaten sowohl der westlichen Welt wie des Ost-

Blick auf die völkerrechtliche Lage 29

blocks haben sie ratifiziert; ihren Formulierungen ist auch das neue amerikanische Militärhandbuch des Landkriegsrechts vom 18. Juli 1956 angepaßt.

Die Haager Landkriegsordnung vom 18. Oktober 1907 hatte Milizen, Freikorps und Mitkämpfer spontaner Volkserhebungen unter gewissen Bedingungen den regulären Streitkräften gleichgestellt. Wir werden später, bei der Erörterung des preußischen Mißverhältnisses zum Partisanentum, einige Schwierigkeiten und Unklarheiten dieser Regelung erwähnen. Die Entwicklung, die zu den Genfer Konventionen von 1949 führte, ist dadurch gekennzeichnet, daß sie immer weitergehende Auflockerungen des bisher rein staatlichen, europäischen Völkerrechts anerkennt. Immer weitere Kategorien von Kriegsteilnehmern gelten jetzt als Kombattanten. Auch die Zivilpersonen des vom Feinde militärisch besetzten Gebietes — also des eigentlichen Kampfraumes der im Rücken der feindlichen Armeen kämpfenden Partisanen — genießen jetzt größeren rechtlichen Schutz als nach der Landkriegsordnung von 1907. Viele Mitkämpfer, die bisher als Partisanen gegolten haben, sind jetzt den regulären Kämpfern gleichgestellt und haben deren Rechte und Vorrechte. Sie können eigentlich nicht mehr Partisanen genannt werden. Doch sind die Begriffe noch unklar und schwankend.

Die Formulierungen der Genfer Konventionen haben europäische Erfahrungen im Auge, nicht aber die Partisanenkriege Mao Tse-tungs und die spätere Entwicklung des modernen Partisanenkrieges. In den ersten Jahren nach 1945 war noch nicht zum Bewußtsein gekommen, was ein Sachkenner wie Hermann Foertsch erkannt und so formuliert hat: daß die kriegerischen Aktionen nach 1945 Partisanencharakter annahmen, weil die Besitzer von Atombomben deren Anwendung aus humanitären Erwägungen heraus scheuten und die Nichtbesitzer auf diese Bedenken bauen konnten — eine unerwartete Auswirkung sowohl der Atombombe wie auch der humanitären Erwägungen. Die für das Partisanenproblem wichtigen Begriffe der Genfer Normierungen sind aus bestimmten Situationen abstrahiert. Sie sind (wie es in dem maßgebenden, von Jean S. Pictet geleiteten Kommentar des Internationalen Roten Kreuzes, Bd. III, 1958, S. 65 heißt) eine genaue Bezugnahme *une référence précise,* auf die Widerstandsbewegungen des zweiten Weltkrieges 1939/45.

Eine fundamentale Änderung der Haager Landkriegsordnung von 1907 war dabei nicht beabsichtigt. Sogar an den vier klassischen Bedingungen für eine Gleichstellung mit regulären Truppen (verantwortliche Vorgesetzte, festes sichtbares Zeichen, offenes Tragen der Waffen, Einhaltung der Regeln und Gebräuche des Kriegsrechts) wird grundsätzlich festgehalten. Die Konvention zum Schutz der Zivilbevölkerung soll allerdings nicht nur für zwischenstaatliche Kriege, sondern für alle internationalen bewaffneten Konflikte gelten, also auch für Bürgerkriege, Aufstände usw. Doch soll damit nur die Rechtsgrundlage für humanitäre Interventionen des Internationalen Komitées des Roten Kreuzes (und anderer unparteiischer Organisationen) geschaffen werden. *Inter arma caritas.* Es wird in Art. 3 Absatz 4 der Konvention ausdrücklich betont, daß die rechtliche Stellung, *le statut juridique,* der Konfliktsparteien dadurch nicht berührt wird (Pictet, a. a. O., III, 1955, S. 39/40). Im zwischenstaatlichen Krieg behält die Besatzungsmacht des militärisch besetzten Gebietes nach wie vor das Recht, die lokale Polizei dieses Gebiets zur Aufrechterhaltung der Ordnung und zur Unterdrückung irregulärer Kampfhandlungen anzuweisen, demnach auch zur Verfolgung von Partisanen, „ohne Rücksicht darauf, von welchen Ideen diese inspiriert" sein mögen (Pictet IV, 1956, S. 330).

Demnach wird die Unterscheidung von Partisanen — im Sinne irregulärer, den regulären Truppen *nicht* gleichgestellter Kämpfer — grundsätzlich auch heute noch beibehalten. Der Partisan in diesem Sinne hat *nicht* die Rechte und Vorrechte des Kombattanten; er ist ein Verbrecher nach gemeinem Recht und darf mit summarischen Strafen und repressiven Maßnahmen unschädlich gemacht werden. Das ist auch in den Kriegsverbrecher-Prozessen nach dem zweiten Weltkrieg, namentlich in den Nürnberger Urteilen gegen deutsche Generäle (Jodl, Leeb, List), grundsätzlich anerkannt worden, wobei sich von selbst versteht, daß alle über die notwendige Partisanenbekämpfung hinausgehenden Grausamkeiten, Terrormaßnahmen, Kollektivstrafen oder gar Beteiligung am Völkermord, Kriegsverbrechen bleiben.

Die Genfer Konventionen erweitern den Kreis der den regulären Kämpfern gleichgestellten Personen vor allem dadurch, daß sie die Mitglieder einer „organisierten Widerstandsbewegung" den Mitgliedern von Milizen und Freikorps gleichstellen und ihnen auf diese Weise die Rechte und Vorrechte der regulären Kombattanten verleihen. Dabei ist nicht einmal ausdrücklich eine militärische Organisation zur Bedingung gemacht (Art. 13 der Verwundeten-, Art. 4 der Kriegsgefangenen-Konvention). Die Konvention zum Schutz der Zivilbevölkerung stellt „internationale Konflikte", die mit Waffengewalt ausgetragen werden, den zwischenstaatlichen Kriegen des klassischen europäischen Völkerrechts gleich und berührt dadurch den Kern eines für das bisherige Kriegsrecht typischen Rechtsinstituts, die *occupatio bellica*. Zu solchen Erweiterungen und Auflockerungen, die hier nur beispielsweise angedeutet werden können, treten die großen Wandlungen und Veränderungen hinzu, die sich aus der Entwicklung der modernen Waffentechnik von selbst ergeben und mit Bezug auf den Partisanenkampf noch intensiver auswirken. Was bedeutet z. B. die Vorschrift, daß die Waffen „offen getragen" werden müssen, bei einem Widerstandskämpfer, den die oben zitierte „Kleinkrieganweisung" des Schweizerischen Unteroffiziersverbandes (S. 33) anweist: „Bewege dich nur in der Nacht und ruhe am Tage in den Wäldern!" Oder was bedeutet das Erfordernis eines weithin sichtbaren Abzeichens im Nachtkampf oder im Kampf der weittragenden Waffen der modernen Kriegstechnik? Viele solcher Fragen drängen sich auf, wenn die Betrachtung unter den Gesichtspunkt des Partisanenproblems gerät und die unten (S. 71, 79) aufgezeigten Aspekte der Raumveränderung und der technisch-industriellen Entwicklung nicht außer acht gelassen werden.

Der Schutz der Zivilbevölkerung im militärisch besetzten Gebiet ist Schutz nach verschiedenen Seiten. Die Besatzungsmacht hat ein Interesse daran, daß in dem von ihr militärisch besetzten Gebiet Ruhe und Ordnung herrscht. Man hält daran fest, daß die Bevölkerung des besetzten Gebietes zwar nicht zur Treue, wohl aber zum Gehorsam gegen die kriegsrechtlich zulässigen Anordnungen der Besatzungsmacht verpflichtet ist. Sogar die Beamten — selbst die Polizei — sollen korrekt weiter arbeiten und dementsprechend von der Besatzungsmacht behandelt werden. Das Ganze ist ein mühsam ausbalanzierter, schwieriger Kompromiß zwischen den Interessen der Besatzungsmacht und denen ihres Kriegsgegners. Der Partisan stört diese Art Ordnung im besetzten Gebiet auf eine gefährliche Weise. Nicht nur, weil sein eigentlicher Kampfraum das Gebiet im Rücken der feindlichen Front ist, wo er den Transport und Nachschub stört, sondern auch dann, wenn er von der Bevölkerung dieses Gebiets mehr oder weniger unterstützt und versteckt wird. „Die Bevölkerung ist dein größter Freund" heißt es in der vorhin zitierten „Kleinkriegsanweisung für jedermann" (S. 28). Der Schutz einer solchen Bevölkerung ist dann potentiell auch ein Schutz des Partisanen. So erklärt es sich, daß in der Geschichte der Entwicklung des Kriegsrechts bei den Beratungen der Haager Landkriegsordnung und ihrer Weiterentwicklung immer wieder eine typische Gruppierung eintrat: die großen Militärmächte, also die potentiellen Besatzungsmächte, verlangten eine strenge Sicherung der Ordnung im militärisch besetzten Gebiet, während die kleineren Staaten, die befürchteten, militärisch besetzt zu werden — Belgien, Schweiz, Luxemburg — einen möglichst weiten Schutz der Widerstandskämpfer und der Zivilbevölkerung durchzusetzen suchten. Auch in dieser Hinsicht hat die Entwicklung seit dem zweiten Weltkrieg zu neuen Erkenntnissen geführt, und der unten (S. 75) aufgezeigte Aspekt der Zertrümmerung sozialer Strukturen legt die Frage nahe, ob es nicht auch Fälle geben kann, in denen die Bevölkerung Schutz vor dem Partisanen braucht.

Durch die Genfer Konventionen von 1949 sind innerhalb des klassischen, von der Haager Landkriegsordnung genau geregelten Rechtsinstituts der *occupatio bellica* Änderungen eingetreten, deren Auswirkungen in vieler Hinsicht unabsehbar bleiben. Widerstandskämpfer, die man früher als Partisanen behandelt hätte, werden den regulären Kämpfern gleichgestellt, wenn sie nur *organisiert* sind. Gegenüber den Interessen der Besatzungsmacht werden die Interessen der Bevölkerung des besetzten Gebietes so stark betont, daß es — wenigstens in der Theorie — möglich geworden ist, jeden Widerstand gegen die Besatzungsmacht, auch den des Partisanen, sofern er nur achtbaren Motiven entspringt, als *nicht illegal* anzusehen. Andererseits soll die Besatzungsmacht zu repressiven Maßnahmen berechtigt bleiben. Ein Partisan würde in dieser Situation nicht eigentlich legal, aber auch nicht eigentlich illegal, sondern nur auf eigene Gefahr und in diesem Sinne *riskant* handeln.

Wenn man ein Wort wie *Risiko* und *riskant* in einem allgemeinen, nicht-prägnanten Sinne gebraucht, dann muß man feststellen, daß in einem vom Feinde militärisch besetzten und von Partisanen durchsetzten Gebiet keineswegs nur der Partisan riskant lebt. In dem allgemeinen Sinne von Unsicherheit und Gefahr steht die ganze Bevölkerung des Gebietes unter einem großen Risiko. Die Beamten, die gemäß der Haager Landkriegsordnung korrekt weiterarbeiten wollen, trifft noch ein zusätzliches Risiko für Handlungen und Unterlassungen, und insbesondere der Polizeibeamte gerät in einen Schnittpunkt einander widersprechender gefährlicher Zumutungen: die feindliche Besatzungsmacht verlangt von ihm Gehorsam bei der Aufrechterhaltung der Sicherheit und Ordnung, die doch gerade vom Partisanen gestört wird; der eigene nationale Staat verlangt von ihm Treue und wird ihn nach dem Kriege zur Verantwortung ziehen; die Bevölkerung, zu der er gehört, erwartet eine Loyalität und Solidarität, die mit Bezug auf die Tätigkeit des Polizeibeamten zu ganz entgegengesetzten praktischen Konsequenzen führen kann, wenn der Polizeibeamte sich nicht entschließt, selber Partisan zu werden; und schließlich werden der Partisan wie sein Bekämpfer ihn schnell in den Teufelskreis ihrer Repressalien und Anti-Repressalien hineinstoßen. Allgemein gesprochen ist das riskante Handeln (oder Unterlassen) kein spezifisches Merkmal des Partisanen.

Das Wort *riskant* erhält dadurch einen prägnanteren Sinn, daß der riskant Handelnde auf eigene Gefahr handelt und die schlimmen Folgen seines Tuns oder Unterlassens bewußt in Kauf nimmt, so daß er sich nicht über Unrecht beklagen kann, wenn ihn die schlimmen Folgen treffen. Andrerseits hat er — soweit es sich nicht um rechtswidriges Tun handelt — die Möglichkeit, das Risiko dadurch auszugleichen, daß er einen Versicherungsvertrag schließt. Die juristische Heimat des

Begriffes *Risiko*, sein rechtswissenschaftlicher *Topos*, bleibt das Versicherungsrecht. Der Mensch lebt unter vielerlei Gefahr und Unsicherheit, und einer Gefahr oder Unsicherheit mit juristischem Bewußtsein die Bezeichnung *Risiko* geben, bedeutet, sie und den Betroffenen *versicherbar* zu machen. Beim Partisanen würde das wahrscheinlich an der Irregularität und Illegalität seines Handelns scheitern, selbst wenn man im übrigen bereit wäre, ihn versicherungstechnisch durch Einstufung in der höchsten Gefahrenklasse vor einem allzu großen Risiko zu schützen.

Für Situationen des Krieges und der Betätigung der Feindschaft ist eine Besinnung auf den Begriff des Risikos notwendig. Bei uns ist das Wort durch das Buch von Josef L. Kunz „Kriegsrecht und Neutralitätsrecht" (1935, S. 146, 274) in die völkerrechtliche Lehre vom Kriege eingeführt worden. Doch bezieht es sich dort nicht auf den Landkrieg und durchaus nicht auf den Partisanen. Es gehört auch nicht dorthin. Wenn wir vom Versicherungsrecht als der juristischen Heimat des Begriffes *Risiko* absehen und unprägnante Verwendungen des Wortes — z. B. den Vergleich mit dem entlaufenen Gefangenen, der „riskiert" erschossen zu werden — beiseite lassen, so zeigt sich, daß der spezifisch kriegsrechtlich fruchtbare Gebrauch des Begriffes „riskant" bei J. Kunz nur das Seekriegsrecht und ihm typische Figuren und Situationen im Auge hat. Der Seekrieg ist in weitem Maße Handelskrieg; er hat gegenüber dem Landkrieg seinen eigenen Raum und seine eigenen Begriffe von Feind und Beute. Selbst die Verbesserung des Loses der Verwundeten hat in der Genfer Regelung vom August 1949 zu zwei, nach Land und Meer getrennten, Konventionen geführt.

Riskant in einem solchen spezifischen Sinne handeln zwei Teilnehmer am Seekriege: der neutrale Blockadebrecher und der neutrale Konterbandeführer. Mit Bezug auf sie ist das Wort *riskant* präzis und prägnant. Beide Arten von Kriegsbeteiligten lassen sich auf ein „sehr profitables aber riskantes kommerzielles Abenteuer" ein (J. Kunz a. a. O., S. 277): sie riskieren Schiff und Ladung, für den Fall, daß sie aufgebracht werden. Dabei haben sie nicht einmal einen Feind, selbst wenn sie als Feind im Sinne des Seekriegsrechts behandelt werden. Ihr soziales Ideal ist das gute Geschäft. Ihr Feld ist das freie Meer. Sie denken nicht daran, Haus und Herd und Heimat gegen einen fremden Eindringling zu verteidigen, wie das zum Urbild des autochthonen Partisanen gehört. Sie schließen auch Versicherungsverträge ab, um ihr Risiko auszugleichen, wobei die Gefahrentarife entsprechend hoch sind und sich den wechselnden Risiko-Faktoren, z. B. Versenkung durch Unterseeboote, angleichen: sehr riskant, doch hochversichert.

Man sollte ein so treffendes Wort wie *riskant* nicht aus dem Begriffsfeld des Seekriegsrechts herausnehmen und in einen alles verwischenden Allgemeinbegriff auflösen. Für uns, die wir an dem tellurischen Charakter des Partisanen festhalten, ist das besonders wichtig. Wenn ich früher einmal die Freibeuter und Seeschäumer der kapitalistischen Frühzeit als „Partisanen des Meeres" bezeichnet habe (Der Nomos der Erde, S. 145), so möchte ich das heute als terminologische Ungenauigkeit korrigieren. Der Partisan hat einen Feind und „riskiert" etwas ganz anderes als der Blockadebrecher und der Konterbandeführer. Er riskiert nicht nur sein Leben, wie jeder reguläre Kombattant. Er weiß, und läßt es darauf ankommen, daß ihn der Feind außerhalb von Recht, Gesetz und Ehre stellt.

Das tut allerdings auch der revolutionäre Kämpfer, der den Feind zum Verbrecher und alle Begriffe des Feindes von Recht und Gesetz und Ehre für ideologischen Betrug erklärt. Trotz aller, für den zweiten Weltkrieg und seine Nachkriegszeit bis auf den heutigen Tat charakteristischen Verbindungen und Vermischungen der beiden Arten des Partisanen — des defensiv-autochthonen Verteidigers der Heimat und des weltaggressiven, revolutionären Aktivisten — bleibt der Gegensatz bestehen. Er beruht, wie wir sehen werden, auf fundamental verschiedenen Begriffen von Krieg und Feindschaft, die sich in verschiedenen Arten von Partisanen realisieren. Wo der Krieg auf beiden Seiten als ein nicht-diskriminierender Krieg von Staat zu Staat geführt wird, ist der Partisan eine Randfigur, die den Rahmen des Krieges nicht sprengt und die Gesamtstruktur des politischen Vorgangs nicht verändert. Wird aber mit Kriminalisierungen des Kriegsgegners im ganzen gekämpft, wird der Krieg z. B. als Bürgerkrieg vom Klassenfeind gegen einen Klassenfeind geführt, ist sein Hauptziel die Beseitigung der Regierung des feindlichen Staates, dann wirkt sich die revolutionäre Sprengwirkung der Kriminalisierung des Feindes in der Weise aus, daß der Partisan zum wahren Helden des Krieges wird. Er vollstreckt das Todesurteil gegen den Verbrecher und riskiert seinerseits, als Verbrecher oder Schädling behandelt zu werden. Das ist die Logik eines Krieges der *justa causa* ohne Anerkennung eines *justus hostis*. Durch sie wird der revolutionäre Partisan zur eigentlichen Zentralfigur des Krieges.

Das Problem des Partisanen aber wird zum besten Prüfstein. Die verschiedenen Arten des Partisanenkrieges mögen sich in der Praxis der heutigen Kriegführung noch so vermengen und verquicken, sie bleiben in ihren fundamentalen Voraussetzungen so verschieden, daß sich das Kriterium der Freund-Feind-Gruppierung an ihnen erprobt. Wir haben vorhin an die typische Gruppierung erinnert, die sich bei der Vorbereitung der Haager Landkriegsordnung ergeben hat: die großen Militärmächte gegenüber den kleinen neutralen Ländern. Bei den Beratungen der Genfer Konventionen von 1949 wurde mit vieler Mühe eine Kompromißformel erreicht, indem man die organisierte Widerstandsbewegung den Freikorps gleichstellte. Auch hier wiederholte sich die typische Gruppierung, als es sich darum handelte, die Erfahrungen des zweiten Weltkrieges in völkerrechtliche Normen zu fassen. Auch dieses Mal standen die großen Militärmächte, die potentiellen Okkupanten, gegenüber den kleinen, eine Okkupation befürchtenden Staaten; dieses Mal jedoch mit einer ebenso auffälligen wie symptomatischen Modifikation: die größte Landmacht der Welt, der weitaus stärkste potentielle Okkupant, die Sowjet-Union, stand jetzt auf der Seite der kleinen Staaten.

Die materialreiche gutdokumentierte Arbeit von Jürg H. Schmid „Die völkerrechtliche Stellung der Partisanen im Kriege" (Zürcher Studien zum Internationalen Recht Nr. 23, Polygraphischer Verlag AG. Zürich, 1956) will die „Guerrillakriegführung durch Zivilisten" — bei der konkret an die Partisanen Stalins gedacht ist (S. 97, 157) — „unter den Schild des Rechts" stellen. Darin sieht Schmid „die Quintessenz des Partisanenproblems" und die rechtsschöpferische Leistung der Genfer Konventionen. Schmid möchte „gewisse besetzungsrechtliche Bedenken", die von der bisherigen Auffassung der Okkupationsgewalt noch stehen geblieben sind, insbesondere die, wie er sagt, „vielbesungene Gehorsamspflicht", beseitigen. Zu diesem

Zweck bedient er sich der Lehre von der legalen aber riskanten Kriegshandlung, die er in eine riskante aber nicht-illegale Kriegshandlung um-akzentuiert. So vermindert er das Risiko des Partisanen, dem er auf Kosten der Besatzungsmacht möglichst viele Rechte und Privilegien zuspricht. Wie er der Logik von Terror und Gegen-Terror entgehen will, sehe ich nicht; es sei denn, daß er den Kriegsfeind des Partisanen einfach kriminalisiert. Das Ganze ist eine hochinteressante Kreuzung von zwei verschiedenen *statuts juridiques*, nämlich Kombattant und Zivilist, mit zwei verschiedenen Arten des modernen Krieges, nämlich heißem und kaltem Krieg zwischen Bevölkerung und Besatzungsmacht, an dem Schmids Partisan (Mao folgend) à deux mains teilnimmt. Erstaunlich ist nur, und ein wahrer Begriffsachsenbruch, daß diese Ent-Illegalisierung des Stalin-Partisanen zu Lasten des klassischen Völkerrechts gleichzeitig mit der Rückkehr zum reinen Staatenkrieg der Rousseau-Portalis-Doktrin verbunden wird, von der Schmid behauptet, daß sie nur „in ihren Kinderschuhen" dem Zivilisten die Begehung von Feindseligkeiten verboten habe (S. 157). So wird der Partisan assekurabel.

Die vier Genfer Konventionen vom 12. August 1949 sind das Werk einer humanen Gesinnung und einer humanitären Entwicklung, die Bewunderung verdient. Indem sie auch dem Feinde nicht nur Menschlichkeit, sondern sogar Gerechtigkeit im Sinne der Anerkennung zuteil werden lassen, bleiben sie auf der Grundlage des klassischen Völkerrechts und seiner Tradition, ohne die ein solches Werk der Humanität unwahrscheinlich wäre. Ihre Basis bleibt die Staatlichkeit der Kriegführung und eine darauf aufgebaute Hegung des Krieges, mit ihren klaren Unterscheidungen von Krieg und Frieden, Militär und Zivil, Feind und Verbrecher, Staatenkrieg und Bürgerkrieg. Indem sie aber diese wesentlichen Unterscheidungen auflockern oder sogar in Frage stellen, öffnen sie die Tür für eine Art von Krieg, die jene klaren Trennungen bewußt zerstört. Dann erscheint manche vorsichtig stilisierte Kompromiß-Normierung nur als die dünne Brücke über einem Abgrund, der eine folgenreiche Wandlung der Begriffe von Krieg und Feind und Partisan in sich verbirgt.

Entwicklung der Theorie

Preußisches Mißverhältnis zum Partisanentum

In Preußen, der führenden Militärmacht Deutschlands, war die Erhebung gegen Napoleon im Frühjahr 1813 von einem starken Nationalgefühl getragen. Der große Augenblick ging schnell vorüber; er bleibt aber in der Geschichte des Partisanentums so wesentlich, daß wir ihn später besonders behandeln müssen.

Zunächst haben wir die unbestreitbare geschichtliche Tatsache zu beachten, daß die preußische und die von Preußen geführte deutsche Armee seit 1813 bis in den zweiten Weltkrieg hinein das klassische Beispiel einer Heeresorganisation liefert, die den Gedanken des Partisanentums radikal aus sich verdrängt hatte. Die dreißig Jahre deutscher Kolonialherrschaft in Afrika (1885—1915) waren militärisch nicht wichtig genug, um die ausgezeichneten Theoretiker des preußischen Generalstabes ernsthaft an das Problem heranzuführen. Die österreich-ungarische Armee kannte den Partisanenkrieg vom Balkan her und hatte ein Reglement für den Kleinkrieg. Die preußisch-deutsche Armee dagegen marschierte im zweiten Weltkrieg am 22. Juni 1941 in Rußland ein, ohne an einen Partisanenkrieg zu denken. Ihren Feldzug gegen Stalin begann sie mit der Maxime: die Truppe bekämpft den Feind; Marodeure werden von der Polizei unschädlich gemacht. Erst im Oktober 1941 kamen die ersten speziellen Anweisungen zur Partisanenbekämpfung; im Mai 1944, knapp ein Jahr vor dem Ende des vierjährigen Krieges, erging das erste vollständige Reglement des Oberkommandos der Wehrmacht.[19]

---

[19] Hans Schomerus, Partisanen, in der Wochenzeitung *Christ und Welt*, Nr. 26 des Jahrgangs 1949 (insbesondere der Abschnitt: Der Wall der Tradition). Auch die folgenden Aufsätze von Schomerus im gleichen Jahrgang dieser Zeitschrift bleiben für das Partisanenproblem von großer Bedeutung.

Die preußisch-deutsche Armee ist im 19. Jahrhundert zur berühmtesten, vorbildlichen Militärorganisation der damaligen, europazentrischen Welt geworden. Aber sie verdankte diesen Ruhm ausschließlich militärischen Siegen über andere reguläre europäische Armeen, insbesondere Frankreichs und Österreichs. Der irreguläre Krieg war ihr nur während des deutsch-französischen Krieges 1870/71 in Frankreich entgegengetreten, in der Gestalt des sogenannten Franktireurs, den man auf deutsch als Heckenschützen bezeichnete und unerbittlich nach Kriegsrecht behandelte, wie das wohl jede reguläre Armee getan hätte. Je straffer eine reguläre Armee diszipliniert ist, je korrekter sie Militär und Zivil unterscheidet und nur den uniformierten Gegner als Feind betrachtet, um so empfindlicher und nervöser wird sie, wenn sich auf der andern Seite auch eine nicht-uniformierte Zivilbevölkerung am Kampf beteiligt. Das Militär reagiert dann mit harten Repressalien, Erschießungen, Geiselnahmen und Zerstörung von Ortschaften und hält das für gerechte Notwehr gegen Hinterlist und Heimtücke. Je mehr man den regulären, uniformierten Gegner als Feind respektiert und ihn auch im blutigsten Kampf nicht mit einem Verbrecher verwechselt, um so erbitterter wird der irreguläre Kämpfer als Verbrecher behandelt. Das alles ergibt sich von selbst aus der Logik des klassischen europäischen Kriegsrechts, das Militär und Zivil, Kombattanten und Nicht-Kombattanten unterscheidet, und das die seltene moralische Kraft aufbringt, den Feind nicht als solchen für einen Verbrecher zu erklären.

Der deutsche Soldat hat den Franktireur in Frankreich kennengelernt, im Herbst 1870 und im folgenden Winter des Jahres 1870/71, nach dem großen Sieg, den er über die reguläre Armee des Kaisers Napoleon III. bei Sedan am 2. September davongetragen hatte. Wäre es nach den Regeln des klassischen, regulären Armeenkrieges gegangen, so hätte man erwarten müssen, daß nach einem solchen Sieg der Krieg zu Ende war und der Friede geschlossen wurde. Statt dessen wurde die besiegte kaiserliche Regierung abgesetzt. Die neue republikanische Regierung unter Léon Gambetta proklamierte den nationalen Widerstand gegen den fremden Eindringling, den *„Krieg à outrance"*. Sie hob in großer Eile immer neue Armeen aus und warf immer neue Massen schlecht ausgebildeter Soldaten auf die Schlachtfelder. Im November 1870 hatte sie damit an der Loire sogar einen militärischen Erfolg. Die Lage der deutschen Armeen war bedroht und die außenpolitische Lage Deutschlands gefährdet, denn man hatte nicht mit einer langen Dauer des Krieges gerechnet. Die französische Bevölkerung geriet in patriotische Erregung und beteiligte sich in verschiedensten Formen an dem Kampf gegen die Deutschen. Diese nahmen Honoratioren und sogenannte Notable als Geiseln fest, erschossen Franktireure, die sie mit der Waffe in der Hand ertappten, und setzten durch Repressalien aller Art die Bevölkerung unter Druck. Das war die Ausgangssituation für einen mehr als halb-hundertjährigen Streit der Völkerrechts-Juristen und der öffentlichen Propaganda beider Seiten für und gegen den Franktireur. Die Kontroversen sind im ersten Weltkrieg als belgisch-deutscher Franktireur-Streit von neuem aufgeflammt. Ganze Bibliotheken sind über die Frage geschrieben worden, und noch in den letzten Jahren, 1958/60, hat ein Ausschuß angesehener deutscher und belgischer Historiker wenigstens einen Streitpunkt aus diesem Komplex — den belgischen Franktireurstreit 1914 — zu klären und zu bereinigen versucht[20].

Das alles ist aufschlußreich für das Problem des Partisanen, weil es zeigt, daß eine normative Regelung — wenn diese den Sachverhalt tatbestandsmäßig erfassen und nicht nur einem Glissando von Werturteilen und Generalklauseln ausliefern soll — juristisch unmöglich ist. Die traditionelle europäische Hegung des zwischenstaatlichen Krieges geht seit dem 18. Jahrhundert von bestimmten Begriffen aus, die durch die französische Revolution zwar unterbrochen, dafür aber durch das Restaurationswerk des Wiener Kongresses um so wirksamer bestätigt worden sind. Diese aus dem Zeitalter der Monarchie stammenden Vorstellungen vom gehegten Krieg und vom gerechten Feind lassen sich nur dann zwischenstaatlich legalisieren, wenn die kriegführenden Staaten beider Seiten innerstaatlich wie zwischen-

---

[20] E. Kessel, Historische Zeitschrift Bd. 191 (Oktober 1960) S. 385—93; Franz Petri und Peter Schöller, Zur Bereinigung des Franktireurproblems vom August 1914, Vierteljahreshefte für Zeitgeschichte, 9. Jahrgang 1961, S. 234—248.

staatlich in gleicher Weise an ihnen festhalten, wenn also ihre innerstaatlichen wie ihre zwischenstaatlichen Begriffe von Regularität und Irregularität, Legalität und Illegalität, sich inhaltlich decken oder doch wenigstens in ihrer Struktur einigermaßen homogen sind. Sonst hat die zwischenstaatliche Normierung, statt einer Förderung des Friedens, nur den Erfolg, daß sie Vorwände und Stichworte für gegenseitige Anschuldigungen liefert. Diese einfache Wahrheit ist seit dem ersten Weltkrieg allmählich zum Bewußtsein gekommen. Doch ist die Fassade des überkommenen Begriffsinventars ideologisch noch sehr stark. Aus praktischen Gründen haben die Staaten ein Interesse an der Verwertung sogenannter klassischer Begriffe, auch wenn diese in andern Fällen als altmodisch und reaktionär beiseite geworfen werden. Außerdem haben die Juristen des europäischen Völkerrechts das seit 1900 erkennbare Bild einer neuen Wirklichkeit hartnäckig aus ihrem Bewußtsein verdrängt[21].

Wenn dieses alles schon allgemein für den Unterschied zwischen dem europäischen Staatenkrieg alten Stils und einem demokratischen Volkskrieg gilt, dann erst recht für einen improvisierten nationalen Volkskrieg *à outrance*, wie ihn Gambetta im September 1870 proklamiert hatte. Die Haager Landkriegsordnung von 1907 hat — nicht anders wie ihre sämtlichen Vorläufer im 19. Jahrhundert — mit Bezug auf den Franktireur einen Kompromiß versucht. Sie verlangt gewisse Bedingungen dafür, daß der improvisierte Krieger mit improvisierter Uniform als Kombattant im völkerrechtlichen Sinne anerkannt wird: verantwortliche Vorgesetzte, festes, weithin sichtbares Abzeichen und vor allem offenes Tragen der Waffen. Die begriffliche Unklarheit der Haager Regelung und der Genfer Konventionen ist groß und verwirrt das Problem[22]. Partisan ist doch gerade

---

[21] „Ohne jedes kritische Empfinden, ja, in voller Ahnungslosigkeit hat die europäische Völkerrechtslehre gegen Ende des 19. Jahrhunderts das Bewußtsein der Raumstruktur ihrer bisherigen Ordnung verloren. Sie hat einen immer weiter, immer äußerlicher und immer oberflächlicher werdenden Universalisierungsprozeß in der naivsten Weise für einen Sieg des europäischen Völkerrechts gehalten. Die Enthebung Europas aus der völkerrechtlichen Mitte der Erde hielt sie für eine Erhebung Europas in diesen Mittelpunkt." Der Nomos der Erde, Berlin, (Duncker & Humblot) 1950, S. 206.
[22] Die Verwirrung wird undurchdringlich, und das nicht nur in der politischen

derjenige, der es vermeidet, die Waffen offen zu tragen, der aus dem Hinterhalt kämpft, der sowohl die Uniform des Feindes als auch feste oder lose Abzeichen und jede Art von Zivilkleidung als Tarnung benutzt. Heimlichkeit und Dunkel sind seine stärksten Waffen, auf die er ehrlicherweise nicht verzichten kann, ohne den Raum der Irregularität zu verlieren, das heißt: ohne aufzuhören, Partisan zu sein.

Der militärische Standpunkt der regulären preußischen Armee beruhte keineswegs auf Mangel an Intelligenz oder Unwissenheit hinsichtlich der Bedeutung des Guerrillakrieges. Das sieht man an dem interessanten Buch eines typisch preußischen Generalstabsoffiziers, der den Franktireurkrieg von 1870/71 kannte und seine Ansicht im Jahre 1877 unter dem Titel „Léon Gambetta und seine Armeen" bekanntgab. Der Autor, Colmar Freiherr von der Goltz, ist im ersten Weltkrieg als Führer einer türkischen Armee und Pascha Goltz gestorben. In aller Objektivität und mit größter Präzision erkennt der junge preußische Offizier den entscheidenden Fehler der republikanischen Kriegführung und stellt fest: „Gambetta wollte den großen Krieg führen, und er hat ihn auch geführt, zu seinem Unglück; denn für die deutschen Armeen im damaligen Frankreich wäre ein Kleinkrieg, ein Guerillakrieg, viel gefährlicher gewesen[23]."

Propaganda und Gegenpropaganda (wo sie am Platze ist) und nicht nur in der Diskussion akuter Streitfälle (wie des jugoslawischen Staatsbürgers Lazar Vracaric, der im November 1961 von deutschen Behörden in München verhaftet worden war), sondern leider auch in der juristischen Fachliteratur, sobald diese das Bewußtsein der konkreten Begriffe des europäischen Völkerrechts verliert. Das zeigt sich in der oben (S. 36/37) zitierten Dissertation von Jürg H. Schmid, „Die völkerrechtliche Stellung der Partisanen im Kriege". Hellmuth Rentsch, Partisanenkampf, Erfahrungen und Lehren, Frankfurt a. M. 1961, hat sich an einigen Stellen davon beirren lassen und will die Partisanen „unter Schutz und Schirm des Völkerrechts" stellen (S. 204, Anm. 9), was der echte Partisan als zusätzliche Waffe gern akzeptieren wird. Das Ganze ist die Folge der Zerstörung des *jus publicum Europaeum* und seiner menschlich-rationalen Begriffe von Krieg und Feind. Die Re-Barbarisierung des Kriegsrechts gehört als zusätzliches Kapitel in das großartige Buch von F. J. P. Veale, Advance to Barbarism (C. C. Nelson Publishing Company, Appleton, Wisconsin, 1953: die deutsche Übersetzung ist in 2. Aufl. 1962 im Verlag K. H. Priester in Wiesbaden erschienen).

[23] Colmar Freiherr von der Goltz, Léon Gambetta und seine Armeen, Berlin, 1877, S. 36: „Mit dem weiteren Eindringen der Invasionsarmee werden alle Cadres schwächer, der Troß aber schwerfälliger... Das alles begünstigt unter-

Die preußisch-deutsche Heeresleitung hat den Partisanenkrieg, wenn auch spät, schließlich doch begriffen. Das Oberkommando der deutschen Wehrmacht erließ am 6. Mai 1944 die bereits erwähnten allgemeinen Richtlinien für die Partisanenbekämpfung. So hat die deutsche Armee vor ihrem Ende den Partisanen noch richtig erkannt. Die Richtlinien vom Mai 1944 sind inzwischen auch von einem Feinde Deutschlands als ausgezeichnete Regelung anerkannt worden. Der englische Brigadier Dixon, der nach dem zweiten Weltkrieg zusammen mit Otto Heilbrunn ein inhaltreiches Buch über den Partisanen veröffentlicht hat, druckt die deutschen Richtlinien als Musterbeispiel richtiger Partisanenbekämpfung *in extenso* ab, und der englische General Sir Reginald F. S. Denning bemerkt in seinem Vorwort zu Dixon-Heilbrunn, daß das deutsche Partisanenreglement von 1944 in seinem Wert nicht dadurch geschmälert wird, daß es sich um Richtlinien der deutschen Armee zum Kampf gegen russische Partisanen handelt[24].

Zwei Erscheinungen des deutschen Kriegsendes 1944/45 sind nicht der deutschen Wehrmacht anzurechnen, sondern eher aus einem Gegensatz gegen sie zu erklären: der deutsche Volkssturm und der sogenannte Werwolf. Der Volkssturm wurde durch einen Erlaß vom 25. September 1944 aufgerufen, als eine Territorial-Miliz zur Landesverteidigung, deren Angehörige während ihres Einsatzes Soldaten im Sinne des Wehrgesetzes und Kombattanten im Sinne der Haager Landkriegsordnung waren. Über ihre Organisation, Ausrüstung, Einsatz, Kampfgeist und Verluste unterrichtet die kürzlich erschienene Schrift des Generalmajors Hans Kissel, der ab November 1944

---

nehmende Freischaren des Feindes. Gambetta indessen wollte den großen Krieg. Glänzend, imposant wie die numerische Stärke seiner Heere sollten auch deren Kriegsthaten sein, um ihn vor dem Lande zu rechtfertigen." Herr Dr. J. Hadrich, (Berlin), dem ich das Buch des Frhr. von der Goltz verdanke, macht mich auch darauf aufmerksam, daß die Abessinier bei ihrem Widerstand gegen die italienische Armee Mussolinis in den Jahren 1935/36 ebenfalls nur deshalb besiegt wurden, weil sie statt eines Partisanenkrieges einen Krieg regulärer Truppen zu führen versuchten.

[24] Ich zitiere nach der deutschen Ausgabe von 1956: Partisanen, Strategie und Taktik des Guerilakrieges von Brigadier C. Aubrey Dixon, O. B. E. und Otto Heilbrunn, Verlag für Wehrwesen, Bernard & Graefe, Frankfurt a. Main-Berlin, S. XIV u. 213—240.

Chef des Führungsstabes Deutscher Volkssturm war. Kissel teilt mit, daß der Volkssturm im Westen von den Alliierten als kämpfende Truppe anerkannt war, während ihn die Russen als Partisanenorganisation behandelten und die Gefangenen erschossen. Zum Unterschied von dieser Territorialmiliz war der Werwolf als eine Partisanenorganisation der Jugend gedacht. Über das Ergebnis berichtet das Buch von Dixon und Heilbrunn: „Einige wenige angehende Werwölfe wurden von den Alliierten aufgegriffen und damit war die Sache aus." Man hat den Werwolf als einen „Versuch der Entfesselung eines Kinderheckenschützenkrieges" gekennzeichnet[24a]. Jedenfalls brauchen wir hier nicht weiter darauf einzugehen.

Nach dem ersten Weltkrieg haben die damaligen Sieger den deutschen Generalstab aufgelöst und seine Wiederherstellung, gleichgültig in welcher Form, in Art. 160 des Versailler Vertrages vom 28. Juni 1919 verboten. Es liegt geschichtliche und völkerrechtliche Logik darin, daß die Sieger des zweiten Weltkrieges, die inzwischen den Duellkrieg des klassischen europäischen Völkerrechts geächtet hatten, vor allem USA und Sowjetunion, nach ihrem gemeinsamen Sieg über Deutschland nun auch den preußischen Staat ächteten und vernichteten. Das Gesetz Nr. 46 des Alliierten Kontrollrates vom 25. Februar 1947 verfügte:

> Der preußische Staat, der seit jeher Träger des Militarismus und der Reaktion in Deutschland war, hat de facto aufgehört zu bestehen. Geleitet von dem Gedanken der Erhaltung des Friedens und der Sicherheit der Völker und mit dem Wunsch, den weiteren Wiederaufbau des politischen Lebens in Deutschland auf demokratischer Basis zu sichern, ordnet der Kontrollrat folgendes an:
>
> Artikel 1. Der preußische Staat mit seiner Regierung und allen seinen Verwaltungsabteilungen ist aufgelöst.

[24a] Hans Kissel, Der Deutsche Volkssturm 1944/45, eine territoriale Miliz der Landesverteidigung, Frankfurt/M. (Verlag E. S. Mittler & Sohn) 1962; die Mitteilung über die unterschiedliche Behandlung nach West und Ost findet sich auf S. 46. Das Wort vom „Kinderheckenschützenkrieg" bei Erich F. Pruck, in seiner Besprechung des Kisselschen Buches, Zeitschrift für Politik, NF 9 (1962) S. 298/99. Pruck bemerkt mit Recht, daß „die Grenze zwischen legalem Kampfeinsatz (im Sinne der Haager Landkriegsordnung) und Partisanentum unklar" ist. Dixon-Heilbrunn (vgl. Anm. 24) S. 3.

Der Partisan als preußisches Ideal 1813
und die Wendung zur Theorie

Es war kein preußischer Soldat und auch kein reformerisch gesinnter Berufsoffizier des preußischen Generalstabes, sondern ein preußischer Ministerpräsident, Bismarck, der 1866 gegen die Habsburgische Monarchie und das bonapartistische Frankreich „zu jeder Waffe greifen wollte, die uns die entfesselte nationale Bewegung nicht nur in Deutschland, sondern auch in Ungarn und Böhmen darbieten konnte", um nicht zu unterliegen. Bismarck war entschlossen, den Acheron in Bewegung zu setzen. Er gebrauchte gern das klassische Zitat *Acheronta movere*, aber er schob es natürlich lieber seinen innerpolitischen Gegnern zu. Sowohl dem preußischen König Wilhelm I. wie dem Chef des preußischen Generalstabes, Moltke, lagen acherontische Pläne fern; dergleichen mußte ihnen unheimlich und auch unpreußisch erscheinen. Auch für die schwachen Revolutionierungsversuche der deutschen Regierung und des Generalstabes während des ersten Weltkrieges wäre das Wort *acherontisch* wohl zu stark. Allerdings gehört auch Lenins Fahrt von der Schweiz nach Rußland, im Jahre 1917, in diesen Zusammenhang. Aber alles, was die Deutschen damals bei der Organisierung der Reise Lenins gedacht und geplant haben mögen, ist durch die geschichtlichen Auswirkungen dieses Revolutionierungsversuches so ungeheuerlich überboten und überrollt worden, daß unsere These vom preußischen Mißverhältnis zum Partisanentum dadurch eher bestätigt als widerlegt wird[25].

---

[25] Bismarck, Gedanken und Erinnerungen, I. Band, 20. Kapitel; III. Band, 1. Kapitel und 10. Kapitel, wo das Zitat *Acheronta movebo* dazu dient, den Teufel an die Wand zu malen. Bismarck untertreibt hier aus naheliegenden Gründen. In Wirklichkeit hatte er, wie ein moderner Historiker, Egmont Zechlin, feststellt, eine „einsatzfähige ungarische Führungstruppe" um sich gesammelt, Generäle wie Klapka und Türr. Das Offizierkorps der ungarischen Legion setzte sich aus den Spitzen des ungarischen Adels zusammen. „Bismarck scheute sich aber auch nicht, den radikalsozialistischen tschechischen Revolutionär und Freund Bakunins, Joseph Frič, mit ins Hauptquartier zu nehmen. In Oberst Oresković in Belgrad und Minister Garasanin hatte er die maßgebenden Politiker der südslawischen Bewegung im Spiel und über Victor Emanuel und auch Klapka und Türr die Verbindung mit dem europäischen Revolutionshelden Garibaldi." Dem konservativ-reaktionären General des Zaren, mit dem er in Unterhandlung stand, telegraphierte er, er wolle lieber Revolution machen als erleiden. Im Vergleich zu dieser nationalrevolutionä-

Dennoch hatte der preußische Soldatenstaat einmal in seiner Geschichte einen acherontischen Augenblick. Das war im Winter und Frühjahr 1812/13, als eine Elite von Generalstabsoffizieren die Kräfte der nationalen Feindschaft gegen Napoleon zu entfesseln und in die Hand zu bekommen suchte. Der deutsche Krieg gegen Napoleon war kein Partisanenkrieg. Man kann ihn kaum einen Volkskrieg nennen; dazu macht ihn, wie Ernst Forsthoff richtig sagt, nur „eine Legende mit politischen Hintergründen"[26]. Es gelang schnell, jene elementaren Kräfte in die festen Rahmen der staatlichen Ordnung und des regulären Kampfes gegen die französischen Armeen zu lenken. Trotzdem behält dieser kurze, revolutionäre Augenblick für die Theorie des Partisanentums eine unerhörte Bedeutung.

Man wird hier sofort an ein berühmtes Meisterwerk der Kriegswissenschaft denken, das Buch *Vom Kriege* des preußischen Generals von Clausewitz. Mit Recht. Aber Clausewitz war damals noch der jüngere Freund neben seinen Lehrern und Meistern Scharnhorst und

---

ren Linie in der Politik Bismarcks sind die Revolutionierungsversuche der deutschen Regierung und des Generalstabes während des ersten Weltkrieges in Rußland, in der islamitisch-israelitischen Welt und in Amerika schwach und „improvisatorisch"; so Egmont Zechlin in der Aufsatzreihe „Friedensbestrebungen und Revolutionierungsversuche" in der Wochenzeitung „Das Parlament" Beilagen 20, 24 und 25, Mai und Juni 1961. Gustav Adolf Rein kommt in seinem reich dokumentierten Buch „Die Revolution in der Politik Bismarcks", Göttingen, (Musterschmidt Verlag) 1957, zu dem Ergebnis: „Bismarck hat der Revolution ins Gesicht geleuchtet, um ihre innere Schwäche zu offenbaren, und hat es unternommen, die alte Monarchie noch einmal zu neuem Leben zu erwecken" (S. 131). Leider wird die konkrete Situation des Jahres 1866 in Rein's Buch nicht so konkret behandelt, wie sie es bei seinem Thema wohl verdient hätte.

[26] Ernst Forsthoff, Deutsche Verfassungsgeschichte der Neuzeit, 2. Aufl. Stuttgart (W. Kohlhammer Verlag), 1961, S. 84. Auch die Auffassung, daß die preußische Landwehr — die Truppengattung, die dem bürgerlichen Ideal einer Miliz am nächsten kam — den entscheidenden Anteil am Siege gehabt habe, bezeichnet Forsthoff als Legende. „Tatsächlich war die Verwendbarkeit der Landwehr zu Anfang des Krieges nur sehr bedingt. Einem Angriff konnte man sie nicht aussetzen, dazu war ihre moralische Energie und militärische Stoßkraft zu gering. Sie war nicht gesichert gegen Verwirrung und Panik. Erst mit der größeren Dauer des Krieges, als sie länger unter den Waffen stand, hob sich auch ihr Kampfeswert. Unter diesen Umständen gehört die Behauptung von dem entscheidenden Anteil der Landwehr am Siege in das Reich der Fabel." Ernst Rudolf Huber behandelt diese Zeit des Frühjahrs 1813 und insbesondere das Landsturmedikt in seiner Verfassungsgeschichte Bd. I (1957) § 7 S. 213; ferner Heer und Staat in der deutschen Geschichte, Hamburg, 1938, S. 144 ff.

Gneisenau, und sein Buch ist erst nach seinem Tode, nach 1832 veröffentlicht worden. Dagegen gibt es ein anderes, unmittelbar aus dem Frühjahr 1813 stammendes Manifest der Feindschaft gegen Napoleon, das zu den erstaunlichsten Dokumenten der gesamten Geschichte des Partisanentums gehört: das preußische Edikt über den Landsturm vom 21. April 1813. Es handelt sich dabei um ein vom König von Preußen unterzeichnetes Edikt, das in der preußischen Gesetzessammlung in aller Form veröffentlicht worden ist. Das Vorbild des spanischen *Reglamento de Partidas y Cuadrillas* vom 28. Dezember 1808 und des unter dem Namen *Corso Terrestre* bekannten Dekrets vom 17. April 1809 ist unverkennbar. Aber diese sind nicht vom Monarchen persönlich unterschrieben[27]. Man staunt, den Namen des legitimen Königs unter einem solchen Aufruf zum Partisanenkrieg zu sehen. Diese zehn Seiten der Preußischen Gesetzessammlung von 1813 (S. 79—89) gehören bestimmt zu den ungewöhnlichsten Seiten aller Gesetzesblätter der Welt.

Jeder Staatsbürger, so heißt es in dem königlich preußischen Edikt vom April 1813, ist verpflichtet, sich dem eindringenden Feind mit Waffen aller Art zu widersetzen. Beile, Heugabeln, Sensen und Schrotflinten werden (in § 43) ausdrücklich empfohlen. Jeder Preuße ist verpflichtet, *keiner* Anordnung des Feindes zu gehorchen, sondern ihm mit allen nur aufzubietenden Mitteln zu schaden. Auch wenn der Feind die öffentliche Ordnung wiederherstellen will, darf ihm keiner gehorchen, weil dem Feinde dadurch seine militärischen Operationen erleichtert werden. Ausdrücklich wird gesagt, daß „Ausschweifungen zügellosen Gesindels" weniger schädlich sind als der Zustand, daß der Feind frei über alle seine Truppen verfügen kann. Repressalien und Terror zum Schutz des Partisanen werden zuge-

---

[27] Sie ergingen als Dekrete einer *Junta Suprema*, weil der legitime Monarch damals ausfiel, vgl. F. Solano Costa, a. a. O., p. 415/6. Die oben (S. 20) zitierte schweizerische „Kleinkriegsanleitung für jedermann" von 1958 ist kein amtliches Reglement, sondern eine vom Zentralvorstand des Schweizerischen Unteroffizierverbandes herausgegebene Arbeit. Es wäre aufschlußreich, ihre einzelnen Anleitungen (z. B. Warnung vor der Befolgung von Anordnungen der feindlichen Macht) mit den entsprechenden Vorschriften des preußischen Landsturmedikts von 1813 zu vergleichen, um einerseits den gleichen Kern der Situation, andrerseits den technischen und psychologischen Fortschritt zum Bewußtsein zu bringen.

sichert und dem Feinde angedroht. Kurz, hier liegt eine Art *Magna Carta* des Partisanentums vor. An drei Stellen — in der Einleitung und den §§ 8 und 52 — wird ausdrücklich auf Spanien und seinen Guerrillakrieg als „Muster und Beispiel" Bezug genommen. Der Kampf wird als ein Kampf der Notwehr gerechtfertigt, „die alle Mittel heiligt" (§ 7), auch die Entfesselung der totalen Unordnung.

Ich sagte schon, daß es nicht zu einem deutschen Partisanenkrieg gegen Napoleon gekommen ist. Das Landsturm-Edikt selbst wurde schon drei Monate später, am 17. Juli 1813, geändert und von aller Partisanen-Gefährlichkeit, von jeder acherontischen Dynamik gereinigt. Alles Folgende hat sich in Kämpfen der regulären Armeen abgespielt, wenn auch die Dynamik des nationalen Impulses in die reguläre Truppe eindrang. Napoleon konnte sich damit rühmen, daß in den vielen Jahren französischer Besatzung auf deutschem Boden kein deutscher Zivilist einen Schuß auf eine französische Uniform abgegeben hat.

Worin besteht also die besondere Bedeutung jener kurzlebigen preußischen Verordnung von 1813? Darin, daß sie das offizielle Dokument einer Legitimierung des Partisanen der nationalen Verteidigung ist, und zwar einer besonderen Legitimierung, nämlich aus einem Geist und einer Philosophie, die in der damaligen preußischen Hauptstadt Berlin herrschten. Der spanische Guerrillakrieg gegen Napoleon, der Tiroler Aufstand von 1809 und der russische Partisanenkrieg von 1812 waren elementare, autochthone Bewegungen eines frommen, katholischen oder orthodoxen Volkes, dessen religiöse Tradition von dem philosophischen Geist des revolutionären Frankreich nicht berührt und das insofern *unterentwickelt* war. Die Spanier insbesondere nannte Napoleon in einem wütenden Brief an seinen Hamburger Generalgouverneur Davout (vom 2. Dezember 1811) ein meuchelmörderisches, abergläubisches, von 300 000 Mönchen irregeführtes Volk, das man nicht mit den fleißigen, arbeitsamen und verständigen Deutschen vergleichen dürfe. Das Berlin der Jahre 1808—1813 dagegen war von einem Geist geprägt, dem die Philosophie der französischen Aufklärung durchaus vertraut war, so vertraut, daß er sich ihr gewachsen, wenn nicht überlegen fühlen durfte.

Johann Gottlieb Fichte, ein großer Philosoph; hochgebildete und geniale Militärs wie Scharnhorst, Gneisenau und Clausewitz; ein Dichter wie der vorhin genannte, im November 1811 verstorbene Heinrich von Kleist, kennzeichnen das ungeheure geistige Potential einer damals im kritischen Augenblick tatbereiten preußischen Intelligenz. Der Nationalismus dieser Berliner Intelligenz-Schicht war eine Sache der Gebildeten und nicht des einfachen oder gar analphabetischen Volkes. In einer solchen Atmosphäre, in der sich ein erregtes Nationalgefühl mit philosophischer Bildung vereinigte, wurde der Partisan philosophisch entdeckt und wurde seine Theorie geschichtlich möglich. Daß auch eine Lehre vom Kriege zu diesem Bündnis gehört, zeigt der Brief, den Clausewitz als „ungenannter Militär" 1809 aus Königsberg an Fichte als „den Verfasser eines Aufsatzes über Macchiavel" geschrieben hat. Der preußische Offizier belehrt darin mit allem Respekt den berühmten Philosophen darüber, daß Macchiavellis Kriegslehre zu sehr von der Antike abhängig ist und daß man heute „durch die Belebung der individuellen Kräfte unendlich mehr gewinnt als durch künstliche Form". Die neuen Waffen und Massen, meint Clausewitz in diesem Brief, entsprächen durchaus diesem Prinzip, und schließlich entscheide der Mut des Einzelnen zum Nahkampf, „namentlich im schönsten aller Kriege, den ein Volk auf seinen eigenen Fluren um Freiheit und Unabhängigkeit führt".

Der junge Clausewitz kannte den Partisanen aus den preußischen Insurrektionsplänen der Jahre 1808/13. Er hat in den Jahren 1810 bis 1811 an der Allgemeinen Kriegsschule in Berlin Vorlesungen über den Kleinkrieg gehalten und war nicht nur einer der bedeutendsten militärischen Sachkenner des kleinen Krieges in dem fachlichen Sinne der Verwendung leichter, beweglicher Truppen. Der Guerrilla-Krieg wurde für ihn wie für die andern Reformer seines Kreises „vornehmlich eine im höchsten Sinne politische Angelegenheit von geradezu revolutionärem Charakter. Bekenntnis zur Volksbewaffnung, zur Insurrektion, zum revolutionären Krieg, Widerstand und Aufstand gegen die bestehende Ordnung, selbst wenn sie von einem fremden Besatzungsregime verkörpert wird — das ist ein Novum für Preußen, etwas ‚Gefährliches', welches gleichsam aus der Sphäre des rechtlichen

Staates hinausfällt". Mit diesen Worten trifft Werner Hahlweg den für uns wesentlichen Kern. Doch fügt er gleich hinzu: „Der revolutionäre Krieg gegen Napoleon, wie er den preußischen Reformern vorschwebte, ist freilich nicht geführt worden. Es kam nur zu einem „halb-insurrektionellen Krieg", wie Friedrich Engels es genannt hat. Trotzdem bleibt die berühmte Bekenntnisdenkschrift vom Februar 1812 wichtig für die „innersten Antriebe" (Rothfels) der Reformer; Clausewitz hat sie mit Beihilfe von Gneisenau und Boyen verfaßt, bevor er zu den Russen überging. Sie ist ein „Dokument nüchterner politischer und generalstabsmäßiger Analyse", verweist auf die Erfahrungen des spanischen Volkskrieges und will es ruhig darauf ankommen lassen, „Grausamkeit mit Grausamkeit, Gewaltthat mit Gewaltthat zu erwidern". Hier ist das preußische Landsturmedikt vom April 1813 schon klar zu erkennen[28].

Es mußte Clausewitz schwer enttäuschen, daß alles, was er von der Insurrektion erhofft hatte, „ausfiel"[29]. Volkskrieg und Partisanen — „Parteigänger" wie Clausewitz sagt — hat er als einen wesentlichen Teil der „im Kriege explodierenden Kräfte" erkannt und in das System seiner Lehre vom Kriege eingearbeitet. Besonders im 6. Buch seiner Lehre vom Kriege (Umfang der Verteidigungsmittel) und in dem berühmten Kapitel 6 B des 8. Buches (der Krieg ist ein Instrument der Politik) hat er die neue „Potenz" auch anerkannt. Außerdem findet man bei ihm erstaunliche, hintergründige Einzelbemerkungen, wie die Stelle zum Bürgerkrieg in der Vendée: daß manchmal einige wenige einzelne Partisanen sogar „den Namen einer

---

[28] Werner Hahlweg, Preußische Reformzeit und revolutionärer Krieg, Beiheft 18 der Wehrwissenschaftlichen Rundschau, September 1962, S. 54/56. Der Brief von Clausewitz an Fichte ist abgedruckt in Fichtes Staatsphilosophischen Schriften, 1. Erg. Band, S. 59—65, herausgegeben von Hans Schulz und Reinhard Strecker, Leipzig, 1925; über die „drei Bekenntnisse" Ernst Engelberg in der Einleitung zu der Ausgabe „Vom Kriege", Verlag des Ministeriums für Nationale Verteidigung, Berlin 1957, S. XLVII/L.

[29] Brief an Marie von Clausewitz vom 28. Mai 1813: ... „dagegen scheint auch alles auszufallen, was von dem Beistande der Völker im Rücken des Feindes erwartet wurde. Dies ist das einzige, was bis jetzt meinen Erwartungen nicht entsprach und ich muß gestehen, daß mir diese Betrachtung schon traurige Augenblicke machte." Karl Linnebach, Karl und Marie von Clausewitz; ein Lebensbild in Briefen und Tagebuchblättern, Berlin 1916, S. 336.

Armee in Anspruch nehmen" können[30]. Doch bleibt er im ganzen der reformerisch gesinnte Berufsoffizier einer regulären Armee seines Zeitalters, der die Keime, die hier sichtbar werden, nicht selber zur letzten Konsequenz entfalten konnte. Das ist, wie wir sehen werden, erst viel später geschehen, und dazu bedurfte es eines aktiven Berufsrevolutionärs. Clausewitz selbst dachte noch zu sehr in klassischen Kategorien, wenn er in der „wunderlichen Dreifaltigkeit des Krieges" dem Volke nur den „blinden Naturtrieb" des Hasses und der Feindschaft, dem Feldherrn und seinem Heer „Mut und Talent" als freie Seelentätigkeit und der Regiernug die rein verstandesmäßige Handhabung des Krieges als eines Instrumentes der Politik zuordnete.

In jenem kurzlebigen preußischen Landsturmedikt vom April 1813 konzentriert sich der Augenblick, in dem der Partisan zum erstenmal in einer neuen, entscheidenden Rolle, als eine neue, bisher nicht anerkannte Figur des Weltgeistes auftrat. Nicht der Widerstandswille eines tapferen, kriegerischen Volkes, sondern Bildung und Intelligenz haben dem Partisanen diese Tür geöffnet und ihm eine Legitimierung auf philosophischer Basis verliehen. Hier wurde er, wenn ich so sagen darf, philosophisch akkreditiert und hoffähig gemacht. Bisher war er das nicht. Im 17. Jahrhundert war er zu einer Figur des Schelmenromans herabgesunken; im 18. Jahrhundert, zur Zeit Maria Theresias und Friedrichs des Großen, war er Pandur und Husar. Aber jetzt, in dem Berlin der Jahre 1808 bis 1813, wurde er nicht nur militär-technisch, sondern auch philosophisch entdeckt und gewürdigt. Wenigstens für einen Augenblick erhielt er einen geschichtlichen Rang und eine geistige Weihe. Das war ein Vorgang, den er nicht wieder vergessen konnte. Für unser Thema ist das entscheidend. Wir sprechen von der Theorie des Partisanen. Nun, eine politische, über militärfachliche Klassifikationen hinausgehende *Theorie* des Par-

---

[30] Armee ist „eine Streitmasse, die sich auf einem und demselben Kriegstheater befindet". Es „wäre zwar pedantisch, für jeden Parteigänger, der in einer entfernten Provinz unabhängig haust, den Namen einer Armee in Anspruch zu nehmen, doch kann man nicht unbemerkt lassen, daß es niemand auffällt, wenn von der Armee der Vendéer im Revolutionskriege die Rede ist, wiewohl sie oft nicht viel stärker war". Vgl. auch unten Anm. 44 (Beispiel Algerien) S. 73.

tisanen ist eigentlich erst durch diese in Berlin erfolgte Akkreditierung möglich geworden. Der Funke, der im Jahre 1808 von Spanien nach dem Norden geflogen war, fand in Berlin eine theoretische Form, die es ermöglichte, ihn in seiner Glut zu behüten und in andere Hände weiterzugeben.

Zunächst allerdings war damals auch in Berlin die traditionelle Frömmigkeit des Volkes ebensowenig bedroht wie die politische Einheit von König und Volk. Sie schien durch die Beschwörung und Verherrlichung des Partisanen sogar eher gekräftigt als gefährdet. Der Acheron, den man entfesselt hatte, kehrte sofort in die Kanäle der staatlichen Ordnung zurück. Nach den Freiheitskriegen dominierte in Preußen die Philosophie Hegels. Sie versuchte eine systematische Vermittlung von Revolution und Tradition[31]. Sie konnte als konservativ gelten und war es auch. Aber sie konservierte auch den revolutionären Funken und lieferte durch ihre Geschichtsphilosophie der weitertreibenden Revolution eine gefährliche ideologische Waffe, gefährlicher als Rousseaus Philosophie in den Händen der Jakobiner. Diese geschichtsphilosophische Waffe geriet in die Hände von Karl Marx und Friedrich Engels. Doch waren die beiden deutschen Revolutionäre mehr Denker als Aktivisten des revolutionären Krieges. Erst durch einen russischen Berufsrevolutionär, durch Lenin, ist der Marxismus als Doktrin die weltgeschichtliche Macht geworden, die er heute darstellt.

Von Clausewitz zu Lenin

Hans Schomerus, den wir als Sachkenner des Partisanentums bereits zitiert haben, gibt einem Abschnitt seiner (mir im Manuskript

---

[31] Joachim Ritter, Hegel und die französische Revolution, Westdeutscher Verlag, Köln und Opladen, 1957. Sehr aufschlußreich für unsern Zusammenhang die Formulierung von Reinhart Koselleck, Staat und Gesellschaft in Preußen 1815 bis 1848 (in der Schriftenreihe Industrielle Welt 1, herausgegeben von Werner Conze, Stuttgart, Ernst Klett Verlag, 1962, S. 90: „Die soziologische Tatsache, die bürgerliche Intelligenz in sich zu versammeln, und das geschichtliche Bewußtsein der preußischen Beamten, *im Geist die Staatlichkeit ihres Staates zu finden*, sind das gleiche Phänomen".

zugänglich gemachten) Ausführungen die Überschrift: *Vom Empecinado zu Budjonny*. Das bedeutet: vom Partisanen des spanischen Guerrillakrieges gegen Napoleon zum Organisator der Sowjet-Kavallerie, dem Reiterführer des bolschewistischen Krieges 1920. In einer solchen Überschrift leuchtet eine interessante militärwissenschaftliche Entwicklungslinie auf. Für uns, die wir die Theorie des Partisanen im Auge haben, lenkt sie jedoch die Aufmerksamkeit zu stark auf militär-technische Fragen der Taktik und der Strategie des beweglichen Krieges. Wir müssen die Entwicklung des Begriffs des Politischen im Auge behalten, der gerade hier eine umstürzende Wendung vollzieht. Der klassische, im 18./19. Jahrhundert fixierte Begriff des Politischen war auf den *Staat* des europäischen Völkerrechts gegründet und hatte den Krieg des klassischen Völkerrechts zum völkerrechtlich gehegten, reinen Staaten-Krieg gemacht. Seit dem 20. Jahrhundert wird dieser Staaten-Krieg mit seinen Hegungen beseitigt und durch den revolutionären Parteien-Krieg ersetzt. Aus diesem Grunde geben wir den folgenden Darlegungen die Überschrift: *Von Clausewitz zu Lenin*. Freilich liegt darin — gegenüber einer militär-fachwissenschaftlichen Einengung — die in gewissem Sinne gegenteilige Gefahr, daß wir uns in geschichtsphilosophischen Ableitungen und Stammbäumen verlieren.

Der Partisan ist hier ein sicherer Richtpunkt, weil er vor solchen allgemeinen philosophiegeschichtlichen Genealogien bewahren und in die Wirklichkeit der revolutionären Entwicklung zurückführen kann. Karl Marx und Friedrich Engels hatten schon erkannt, daß der revolutionäre Krieg heute kein Barrikadenkrieg alten Stiles ist. Engels insbesondere, der viele militärwissenschaftliche Abhandlungen verfaßte, hat das immer wieder betont. Aber er hielt es für möglich, daß die bürgerliche Demokratie dem Proletariat mit Hilfe des allgemeinen Wahlrechts eine Mehrheit im Parlament verschaffen und so auf legale Weise die bürgerliche Gesellschaftsordnung in eine klassenlose Gesellschaft überführen werde. Infolgedessen konnte sich auch ein ganz unpartisanischer Revisionismus auf Marx und Engels berufen.

Demgegenüber war es Lenin, der die Unvermeidlichkeit der Gewalt und blutiger revolutionärer Bürger- wie Staatenkriege erkannte und deshalb auch den Partisanenkrieg als ein notwendiges Ingredienz des revolutionären Gesamtvorganges bejahte. Lenin war der erste, der den Partisanen mit vollem Bewußtsein als eine wichtige Figur des nationalen und des internationalen Bürgerkrieges begriff und in ein wirksames Instrument der zentralen kommunistischen Parteileitung zu verwandeln suchte. Das ist, soviel ich sehe, zum erstenmal in einem Aufsatz *Der Partisanenkampf* geschehen, der am 30. September/13. Oktober 1906 in der russischen Zeitschrift „Der Proletarier" erschien[32]. Es ist eine klare Weiterführung der Erkenntnis von Feind und Feindschaft, die 1902 in der Schrift „Was tun" vor allem mit der Wendung gegen den *Objektivismus* Struves beginnt. Damit hat „folgerichtig der Berufsrevolutionär eingesetzt"[33].

Lenins Aufsatz über den Partisanen betrifft die Taktik des sozialistischen Bürgerkrieges und wendet sich gegen die damals bei den Sozialdemokraten verbreitete Meinung, die proletarische Revolution werde als eine Massenbewegung in parlamentarischen Ländern ihr Ziel von selbst erreichen, so daß die Methoden der direkten Gewaltanwendung veraltet seien. Für Lenin gehört der Partisanenkrieg zur Methode des Bürgerkrieges und betrifft, wie alles andere, eine rein taktische oder strategische Frage der konkreten Situation. Der Partisanenkrieg ist, wie Lenin sagt, „eine unvermeidliche Kampfform", deren man sich ohne Dogmatismus oder vorgefaßte Prinzipien ebenso bedient, wie man sich anderer, legaler oder illegaler, friedlicher oder gewaltsamer, regulärer oder irregulärer Mittel und Methoden nach Lage der Sache bedienen muß. Das Ziel ist die kommunistische Revolution in allen Ländern der Welt; was diesem Ziele

---

[32] W. I. Lenin, Sämtliche Werke, 2. Aufl. Bd. 10, Wien 1930, S. 120, 121; ich zitiere hier nach der deutschen Ausgabe der Militärschriften Lenins im deutschen Militärverlag, Berlin (Ost) 1961, „Von Krieg, Armee und Militärwissenschaft", Bd. I, S. 294—304. Es ist eine beachtenswerte Koinzidenz, daß die „Réflexions sur la violence" von Georges Sorel in Paris im gleichen Jahre 1906 veröffentlicht wurden, und zwar in der Zeitschrift *Mouvement Socialiste*. Einer Anmerkung von Hellmuth Rentsch (a. a. O., S. 203, Anm. 3) verdanke ich den Hinweis auf das Buch von Michael Prawdin, Netschajew — von Moskau verschwiegen (Frankfurt a. M.-Bonn, 1961) S. 176, wonach Lenin schon im Jahre 1905 von der Notwendigkeit des Guerilakrieges gesprochen hat. Der genaue Wortlaut wäre noch zu verifizieren.

[33] Peter Schreibert, Über Lenins Anfänge, Historische Zeitschrift 182 (1956) S. 564.

dient, ist gut und gerecht. Auch das Partisanenproblem ist infolgedessen sehr einfach zu lösen: die von der kommunistischen Zentrale gesteuerten Partisanen sind Friedenskämpfer und ruhmreiche Helden; Partisanen, die sich dieser Steuerung entziehen, sind anarchistisches Lumpengesindel und Feinde der Menschheit.

Lenin war ein großer Kenner und Bewunderer von Clausewitz. Er hat das Buch *Vom Kriege* während des ersten Weltkrieges im Jahre 1915 intensiv studiert und Auszüge daraus in deutscher Sprache, Randbemerkungen in russischer Sprache, mit Unterstreichungen und Ausrufungszeichen in sein Notizheft, die *Tetradka* eingetragen. Er hat auf diese Weise eines der großartigsten Dokumente der Welt- und der Geistesgeschichte geschaffen. Aus einer gründlichen Betrachtung dieser Auszüge, Randbemerkungen, Unterstreichungen und Ausrufungszeichen läßt sich die neue Theorie vom absoluten Krieg und absoluter Feindschaft entwickeln, die das Zeitalter des revolutionären Krieges und die Methoden des modernen kalten Krieges bestimmt[34]. Was Lenin bei Clausewitz lernen konnte und gründlich gelernt hat, ist nicht nur die berühmte Formel vom Krieg als der Fortsetzung der Politik. Es ist die weitere Erkenntnis, daß die Unterscheidung von Freund und Feind im Zeitalter der Revolution das Primäre

---

[34] Eine deutsche Ausgabe von Lenins *Tetradka* zu Clausewitz *Vom Kriege* ist 1957 in Berlin vom „Institut für Marxismus-Leninismus beim Zentralkomitee der SED" veröffentlicht worden. Die weitaus bedeutendste Darlegung und Analyse der Tetradka hat Werner Hahlweg gegeben, und zwar in dem Aufsatz „Lenin und Clausewitz", im Archiv für Kulturgeschichte, 36. Band, 1954, S. 30—39 und 357—387. Hahlweg ist auch der Herausgeber der letzten Ausgabe des Buches *Vom Kriege*, die 1952 bei Ferdinand Dümmler, Bonn, erschienen ist. Lenins originale Leistung liegt nach Hahlweg darin, daß er Clausewitz aus dem Stadium der (zunächst bürgerlichen) Revolution von 1789 in die proletarische Revolution von 1917 weitergeführt und erkannt hat, daß der Krieg, der aus einem Staaten- und Nationenkrieg zu einem Klassenkrieg wird, an die Stelle der von Marx und Engels erhofften ökonomischen Krise tritt. Mit Hilfe der Formel „Der Krieg ist die Fortsetzung der Politik" klärt Lenin „nahezu die gesamten Kernfragen der Revolution in ihrem Kampf: Wesenerkenntnis (Klassenanalyse) des Weltkrieges und damit zusammenhängende Probleme wie Opportunismus, Vaterlandsverteidigung, nationaler Befreiungskampf, Unterschied zwischen gerechten und ungerechten Kriegen, Verhältnis von Krieg und Frieden, Revolution und Krieg, Beendigung des imperialistischen Krieges durch Umsturz im Innern seitens der Arbeiterklasse, Revision des bolschewistischen Parteiprogramms" (Hahlweg, a. a. O., S. 374). Mir scheint, daß jeder Punkt, den Hahlweg hier mit Recht aufzählt, einen Prüfstein für den Feindbegriff liefert.

ist und sowohl den Krieg wie die Politik bestimmt. Nur der revolutionäre Krieg ist für Lenin wahrer Krieg, weil er aus absoluter Feindschaft entspringt. Alles andere ist konventionelles Spiel.

Die Unterscheidung von Krieg (Woina) und Spiel (Igra) hebt Lenin selbst in einer Randbemerkung zu einer Stelle des 23. Kapitels von Buch II („Schlüssel des Landes") besonders hervor. In ihrer Logik bewegt sich dann der entscheidende Schritt, der die Hegungen niederreißt, die dem Staatenkrieg des kontinentalen europäischen Völkerrechts im 18. Jahrhundert gelungen waren, die der Wiener Kongreß 1814/15 so erfolgreich bis in den ersten Weltkrieg hinein restauriert hatte und an deren Beseitigung auch Clausewitz noch nicht wirklich dachte. Im Vergleich zu einem Krieg der absoluten Feindschaft ist der nach anerkannten Regeln verlaufende, gehegte Krieg des klassischen europäischen Völkerrechts nicht viel mehr als ein Duell zwischen satisfaktionsfähigen Kavalieren. Einem von absoluter Feindschaft beseelten Kommunisten wie Lenin mußte eine solche Art von Krieg als ein bloßes Spiel erscheinen, bei dem er nach Lage der Sache mitspielte, um den Feind irrezuführen, das er aber im Grunde verachtete und lächerlich fand[35].

Der Krieg der absoluten Feindschaft kennt keine Hegung. Der folgerichtige Vollzug einer absoluten Feindschaft gibt ihm seinen Sinn und seine Gerechtigkeit. Die Frage ist also nur: gibt es einen absoluten Feind und wer ist es *in concreto*? Für Lenin war die Antwort keinen Augenblick zweifelhaft, und seine Überlegenheit über alle andern Sozialisten und Marxisten bestand darin, daß er mit der absoluten Feindschaft Ernst machte. Sein konkreter absoluter Feind war der Klassenfeind, der Bourgeois, der westliche Kapitalist und dessen Gesellschaftsordnung in jedem Lande, in dem sie herrschte. Die Kenntnis des Feindes war das Geheimnis von Lenins ungeheuerlicher Schlagkraft. Sein Verständnis für den Partisanen beruhte darauf, daß der moderne Partisan der eigentliche Irreguläre und dadurch die stärkste

---

[35] Walter Grottian, Lenins Anleitung zum Handeln, Theorie und Praxis sowjetischer Außenpolitik, Westdeutscher Verlag, Köln und Opladen, 1962, mit gutem Literaturverzeichnis und Sachregister.

Negation der bestehenden kapitalistischen Ordnung geworden und zum eigentlichen Vollstrecker der Feindschaft berufen war.

Die Irregularität des Partisanen bezieht sich heute nicht nur auf eine militärische „Linie", wie damals im 18. Jahrhundert, als der Partisan nur eine „leichte Truppe" war, und sie bezieht sich auch nicht mehr auf die stolz zur Schau getragene Uniform einer regulären Truppe. Die Irregularität des Klassenkampfes stellt nicht nur eine Linie, sondern das ganze Gebäude der politischen und sozialen Ordnung in Frage. In dem russischen Berufsrevolutionär Lenin erfaßte sich diese neue Wirklichkeit zu philosophischer Bewußtheit. Das Bündnis der Philosophie mit dem Partisanen, das Lenin geschlossen hat, entfesselte unerwartet neue, explosive Kräfte. Es bewirkte nicht weniger als die Sprengung der ganzen europa-zentrischen Welt, die Napoleon zu retten und die der Wiener Kongreß zu restaurieren gehofft hatte.

Die Hegung des *zwischen*-staatlichen regulären Krieges und die Bändigung des *inner*-staatlichen Bürgerkriegs waren dem europäischen 18. Jahrhundert so selbstverständlich geworden, daß auch kluge Menschen des Ancien Régime sich die Zerstörung dieser Art Regularität nicht vorstellen konnten, nicht einmal nach den Erfahrungen der französischen Revolution von 1789 und 1793. Sie fanden dafür nur noch die Sprache eines allgemeinen Entsetzens und unzulängliche, im Grunde kindliche Vergleiche. Ein großer, mutiger Denker des Ancien Régime, Joseph de Maistre, hat hellsichtig vorausgesehen, um was es sich handelte. In einem Brief vom Sommer 1811[36] erklärte er Rußland reif für eine Revolution, doch hoffte er, das werde eine, wie er sagt, *natürliche* Revolution werden und nicht eine aufklärerisch-europäische, wie die französische. Was er am meisten fürchtete, war ein *akademischer Pugatschow*. So drückte er sich aus, um anschaulich zu machen, was er als das eigentlich Gefährliche richtig er-

---
[36] Europa und Rußland, Texte zum Problem des westeuropäischen und russischen Selbstverständnisses, herausgegeben von Dmitrij Tschizerskij und Dieter Groh, Wissenschaftliche Buchgesellschaft Darmstadt, 1959, S. 61, Brief an de Rossi vom 15. (27.) August 1811. Zu de Maistre's Rußland-Kritik und Prognosen: Dieter Groh, Rußland und das Selbstverständnis Europas, ein Beitrag zur europäischen Geistesgeschichte, Hermann Luchterhand Verlag, Neuwied, 1961, bes. S. 105 ff. Das Buch ist auch in zahlreichen andern Informationen und Darstellungen für unsern Zusammenhang von großer Bedeutung.

kannte, nämlich ein Bündnis der Philosophie mit den elementaren Kräften einer Insurrektion. Wer war Pugatschow? Der Führer eines Bauern- und Kosakenaufstandes gegen die Zarin Katharina II., der 1775 in Moskau hingerichtet wurde und sich für den verstorbenen Mann der Zarin ausgegeben hatte. Ein *akademischer* Pugatschow wäre der Russe, der „eine Revolution auf europäische Weise begänne". Das gäbe eine Reihe entsetzlicher Kriege, und wenn es einmal so weit gekommen ist, „so fehlt mir die Sprache, um Ihnen zu sagen, was man dann zu befürchten hätte".

Die Vision des klugen Aristokraten ist erstaunlich, sowohl in dem, was sie sieht, nämlich die Möglichkeit und Gefahr einer Verbindung von westlicher Intelligenz mit russischer Rebellion, wie auch in dem, was sie nicht sieht. Mit ihrem zeitlichen und örtlichen Datum — St. Petersburg im Sommer 1811 — befindet sie sich in der nächsten Nachbarschaft der preußischen Heeres-Reformer. Aber sie bemerkt nichts von ihrer eigenen Nähe zu den reformerischen Berufsoffizieren des preußischen Generalstabes, deren Kontakte zum kaiserlichen Hof in St. Petersburg doch intensiv genug waren. Sie ahnt nichts von Scharnhorst, Gneisenau und Clausewitz, deren Namen mit dem von Pugatschow zu kombinieren, den Kern der Sache auf eine fatale Weise verfehlen würde. Der Tiefsinn einer bedeutenden Vision geht verloren, und nur noch ein Bonmot im Stil Voltaires oder meinetwegen auch Rivarols bleibt übrig. Denkt man dann noch an das Bündnis von Hegelischer Geschichtsphilosophie und entfesselten Massenkräften, wie es der marxistische Berufsrevolutionär Lenin bewußt zustande gebracht hat, dann verflüchtigt sich die Formulierung des genialen de Maistre zu einem kleinen Gesprächs-Effekt der Räume oder Vorräume des Ancien Régime. Sprache und Begriffswelt des gehegten Krieges und der dosierten Feindschaft waren dem Einbruch der absoluten Feindschaft nicht mehr gewachsen.

Von Lenin zu Mao Tse-tung

Während des zweiten Weltkrieges haben die russischen Partisanen nach der Schätzung von Sachverständigen ungefähr zwanzig deutsche

Divisionen auf sich abgelenkt und dadurch wesentlich zur Entscheidung des Krieges beigetragen. Die offizielle sowjetische Geschichtsschreibung — so das Buch von Boris Semenowitsch Telpuchowski über den Großen Vaterländischen Krieg 1941/45 — schildert den ruhmreichen Partisanen, der das Hinterland der feindlichen Armeen zerrüttet. In den riesigen Räumen Rußlands und bei den unendlich langen Fronten von Tausenden von Kilometern war jede Division für die deutsche Kriegsführung unersetzlich. Stalins Grundauffassung vom Partisanen ging dahin, daß dieser immer im Rücken des Feindes kämpfen müsse, gemäß der bekannten Maxime: im Rücken Partisanen, an der Front Verbrüderung.

Stalin ist es gelungen, das starke Potential des nationalen und des heimatlichen Widerstandes — also die wesentlich defensive, tellurische Kraft der patriotischen Selbstverteidigung gegen einen fremden Eroberer — mit der Aggressivität der internationalen kommunistischen Welt-Revolution zu verbinden. Die Verbindung dieser beiden heterogenen Größen beherrscht den heutigen Partisanenkampf auf der ganzen Erde. Dabei war das kommunistische Element bisher schon durch seine Zielstrebigkeit und seinen Rückhalt an Moskau oder Peking meistens im Vorteil. Die polnischen Partisanen, die während des zweiten Weltkrieges gegen die Deutschen gekämpft haben, wurden von Stalin auf eine grausame Weise geopfert. Die Partisanenkämpfe in Jugoslawien 1941/45 waren nicht nur gemeinsame nationale Verteidigung gegen die fremden Eroberer, sondern ebenso sehr brutale interne Kämpfe zwischen den kommunistischen und den monarchistischen Partisanen. In diesem Bruderkampf hat der kommunistische Partisanenführer Tito seinen inner-jugoslawischen Feind, den von den Engländern unterstützten General Mihailovitch, mit Stalins und Englands Hilfe besiegt und vernichtet.

Der größte Praktiker des revolutionären Krieges der Gegenwart wurde zugleich sein berühmtester Theoretiker: Mao Tse-tung. Manche seiner Schriften sind „heute Pflichtlektüre an westlichen Kriegsschulen" (Hans Henle). Er hat schon seit 1927 Erfahrungen in der kommunistischen Aktion gesammelt und benutzte dann die japanische Invasion von 1932, um alle modernen Methoden des gleichzeitig nationalen und internationalen Bürgerkrieges systematisch zu entwickeln. Der „lange Marsch", von Südchina bis an die mongolische Grenze, beginnend im November 1934, über 12 000 km mit ungeheuerlichen Verlusten, war eine Reihe von Partisanenleistungen und Partisanenerfahrungen, in deren Ergebnis die kommunistische Partei Chinas zu einer Bauern- und Soldaten-Partei zusammengeschlossen wurde, mit dem Partisanen als Kern. Es liegt eine bedeutungsvolle Koinzidenz darin, daß Mao Tse seine wichtigsten Schriften in den Jahren 1936—38 verfaßt hat, also in denselben Jahren, in denen Spanien sich durch einen nationalen Befreiungskrieg der internationalen kommunistischen Erfassung erwehrte. In diesem spanischen Bürgerkrieg hat der Partisan keine bedeutende Rolle gespielt. Mao Tse dagegen verdankt den Sieg über seinen nationalen Gegner, die Kuo-min-tang und den General Tschian Kai-scheck, ausschließlich den Erfahrungen des chinesischen Partisanenkrieges gegen die Japaner und die Kuo-min-tang.

Mao Tses für unser Thema wichtigste Formulierungen finden sich in einer Schrift des Jahres 1938 „Strategie des Partisanenkrieges gegen die japanische Invasion". Doch müssen auch andere Schriften Maos herangezogen werden, um das Bild der Kriegslehre dieses neuen Clausewitz vollständig zu machen[37]. Es handelt sich in der Tat um eine konsequente und systematisch-bewußte Weiterführung der Begriffe des preußischen Generalstabsoffiziers. Nur konnte Clausewitz, der Zeitgenosse Napoleons I., den Grad der Totalität noch nicht ahnen, der dem revolutionären Kriege des kommunistischen Chinesen heute selbstverständlich ist. Das charakteristische Bild Mao Tses ergibt sich aus folgendem Vergleich: „In unserm Kriege lassen sich die bewaffnete Bevölkerung und der Kleinkrieg der Partisanen auf der einen Seite, und die Rote Armee auf der andern Seite mit den beiden Armen eines Mannes vergleichen; oder, um es praktischer auszudrücken: Die

---

[37] Mao Tse-Tung, Ausgewählte Schriften in vier Bänden, Berlin, Dietz Verlag, 1957; Theodor Arnold, Der revolutionäre Krieg, 2. Aufl., ZEBRA Schriftenreihe Nr. 7, Ilmgau Verlag Pfaffenhof a. d. Ilm, 1961, S. 22 f., 97 ff.; Hellmuth Rentsch, Partisanenkampf, Erfahrungen und Lehren, Frankfurt a. Main 1961, besonders S. 150—201 (das Beispiel China); Klaus Mehnert, Peking und Moskau, Stuttgart, Deutsche Verlagsanstalt 1962, S. 567; Hans Henle, Mao, China und die Welt von heute, Union Verlag Stuttgart, 1961.

Moral der Bevölkerung ist die Moral der Nation in Waffen. Und davor hat der Feind Angst".

Die „Nation in Waffen": das war bekanntlich auch das Stichwort der Berufsoffiziere des preußischen Generalstabes, die den Krieg gegen Napoleon organisierten. Zu ihnen gehörte Clausewitz. Wir sahen, daß damals die starken nationalen Energien einer bestimmten Bildungsschicht von der regulären Armee aufgefangen wurden. Auch die radikalsten militärischen Denker jener Zeit unterscheiden zwischen Krieg und Frieden und betrachten den Krieg als einen vom Frieden klar abgrenzbaren Ausnahmezustand. Auch Clausewitz hätte aus seiner Existenz als Berufsoffizier einer regulären Armee die Logik des Partisanentums nicht so systematisch zu Ende führen können, wie Lenin und Mao das aus ihrer Existenz als Berufsrevolutionäre vermochten. Bei Mao kommt aber mit Bezug auf das Partisanentum noch ein konkretes Moment hinzu, wodurch er dem innersten Kern der Sache näher kommt als Lenin, und wodurch er die Möglichkeit der äußersten gedanklichen Vollendung erhält. Um es mit einem Wort zu sagen: Maos Revolution ist tellurischer fundiert als die Lenins. Die bolschewistische Avantgarde, die unter Lenins Führung im Oktober 1917 in Rußland die Macht an sich riß, weist große Verschiedenheiten auf gegenüber den chinesischen Kommunisten, die nach einem über zwanzigjährigen Krieg im Jahre 1949 China in die Hand bekamen, Verschiedenheiten sowohl in der inneren Gruppenstruktur wie auch im Verhältnis zu dem Land und Volk, dessen sie sich bemächtigten. Die ideologische Kontroverse darüber, ob Mao einen echten Marxismus oder Leninismus lehrt, wird angesichts der ungeheuren Wirklichkeit, die von einem tellurischen Partisanentum bestimmt ist, fast ebenso sekundär wie die Frage, ob alte chinesische Philosophen nicht schon manches Ähnliche geäußert haben wie Mao. Es handelt sich um eine konkrete, vom Partisanenkampf geprägte, „rote Elite". Ruth Fischer hat das Wesentliche klargestellt, indem sie darauf hinweist, daß die russischen Bolschewisten 1917, vom nationalen Standpunkt aus, eine Minderheit waren, „geführt von einer Theoretikergruppe, deren Mehrheit aus Emigranten zusammengesetzt" war; die chinesischen Kommunisten unter Mao und seinen Freunden hatten im Jahre 1949 zwei Jahrzehnte hindurch auf dem eigenen, nationalen Boden mit einem nationalen Gegner, der Kuo-min-tang, auf der Basis eines ungeheuerlichen Partisanenkrieges gekämpft. Mag sein, daß sie ihrer Herkunft nach städtisches Proletariat waren, ähnlich wie die aus Petersburg und Moskau stammenden russischen Bolschewisten; aber als sie zur Macht gelangten, brachten sie die prägenden Erfahrungen schwerster Niederlagen und die organisatorische Fähigkeit mit, ihre Grundsätze „in ein Bauernmilieu zu verpflanzen und dort auf eine neue, nicht vorhergesehene Art weiter zu entwickeln"[38]. Hier liegt der tiefste Keim der „ideologischen" Differenzen zwischen sowjetrussischem und chinesischem Kommunismus. Aber auch ein innerer Widerspruch in der Situation Maos selbst, der einen raumlosen, global-universalen, absoluten Weltfeind, den marxistischen Klassenfeind, mit einem territorial-begrenzbaren, wirklichen Feind der chinesisch-asiatischen Defensive gegen den kapitalistischen Kolonialismus in sich verbindet. Es ist der Gegensatz einer *One World*, einer politischen Einheit der Erde und ihrer Menschheit, gegen eine Mehrzahl von Großräumen, die in sich selbst und untereinander vernünftig ausbalanziert sind. Die pluralistische Vorstellung eines neuen Nomos der Erde hat Mao in einem Gedicht *Kunlun* ausgesprochen, in dem es (in der Übersetzung von Rolf Schneider) heißt:

---

[38] Ruth Fischer, Von Lenin zu Mao, Kommunismus in der Bandung-Aera, Düsseldorf-Köln, 1956 (Eugen Diederichs Verlag) S. 155; vgl. auch H. Rentsch, a. a. O., S. 154 f.: das Beispiel China; zum Bauernproblem. Klaus Mehnert, Peking und Moskau, a. a. O., S. 179 ff. (Proletariat und Bauern); Hans Henle, Mao, China und die Welt von heute, S. 102 (Bedeutung des Partisanenkrieges), S. 150 ff. (die roten Eliten), S. 161 ff. (die besondere chinesische Linie des Sozialismus und Kommunismus). W. W. Rostow (in Zusammenarbeit mit The Center for International Studies Massachusetts Institut of Technology) The prospects for Communist China, New York und London, 1954, geht auf das für uns entscheidende Thema des chinesischen Partisanentums nicht ein, obwohl er den traditional geprägten Charakter der chinesischen Eliten wohl bemerkt (S. 10/11, 19/21, 136): Peking's leaders have a strong sense of history (S. 312). Er bemerkt, daß die Denkweise des chinesischen Kommunismus seit Maos Aufstieg durch *mixed political terms* geprägt ist. Sollte diese Formulierung einen Nebenton der Geringschätzung haben — was denkbar wäre, was ich aber nicht beurteilen kann —, so hat er sich damit den Weg zum Kern der Sache, nämlich zur Frage nach dem Partisanentum und dem wirklichen Feind, versperrt. Über die Kontroverse zur Mao-Legende (Benjamin Schwarz und K. A. Wittfogel) die Literatur bei K. Mehnert, a. a. O., S. 566, Anm. 12.

Wär mir der Himmel ein Standort, ich zöge mein Schwert
Und schlüge dich in drei Stücke:
Eins als Geschenk für Europa,
Eins für Amerika,
Eins aber behaltend für China,
Und es würde Frieden beherrschen die Welt.

In der konkreten Lage Maos treffen verschiedene Arten der Feindschaft zusammen, die sich zu einer absoluten Feindschaft steigern. Die Rassenfeindschaft gegen den weißen, kolonialen Ausbeuter; die Klassenfeindschaft gegen die kapitalistische Bourgeoisie; die nationale Feindschaft gegen den japanischen Eindringling gleicher Rasse; die in langen, erbitterten Bürgerkriegen wachsende Feindschaft gegen den eigenen, nationalen Bruder — alles das paralysierte oder relativierte sich nicht gegenseitig, wie es an sich denkbar wäre, sondern bestätigte und intensivierte sich in der konkreten Lage. Stalin ist es gelungen, während des zweiten Weltkrieges das tellurische Partisanentum des nationalen Heimatbodens mit der Klassenfeindschaft des internationalen Kommunismus zu verbinden. Mao war ihm darin schon viele Jahre vorangegangen. Er hat auch in seinem theoretischen Bewußtsein die Formel vom Krieg als der Fortsetzung der Politik noch über Lenin hinaus weitergeführt.

Die gedankliche Operation, die ihm zugrunde liegt, ist ebenso einfach wie schlagkräftig. Der Krieg hat seinen Sinn in der Feindschaft. Weil er die Fortsetzung der Politik ist, enthält auch die Politik, wenigstens der Möglichkeit nach, immer ein Element der Feindschaft; und wenn der Friede die Möglichkeit des Krieges in sich enthält — was ja leider erfahrungsgemäß der Fall ist —, so enthält auch er ein Moment potenzieller Feindschaft. Die Frage ist nur, ob die Feindschaft gehegt und geregelt werden kann, also relative oder absolute Feindschaft ist. Das kann nur der Kriegführende selbst auf eigene Gefahr entscheiden. Für Mao, der vom Partisanen her denkt, ist der heutige Friede nur die Erscheinungsform einer wirklichen Feindschaft. Sie hört auch im sogenannten Kalten Krieg nicht auf. Dieser ist demnach nicht etwa halber Krieg und halber Friede, sondern eine der Lage der Dinge angepaßte Betätigung der wirklichen Feindschaft mit andern als offen gewaltsamen Mitteln. Darüber können sich nur Schwächlinge und Illusionisten hinwegtäuschen.

Praktisch ergibt sich daraus die Frage, in welchem quantitativen Verhältnis die Aktion der regulären Armee des offenen Krieges zu den andern Methoden des Klassenkampfes steht, die nicht offen militärisch sind. Hierfür findet Mao eine klare Ziffer: der revolutionäre Krieg ist zu neun Zehntel nicht-offener, nicht-regulärer Krieg, und zu einem Zehntel offener Militärkrieg. Ein deutscher General, Helmut Staedke, hat daraus eine Definition des Partisanen entnommen: Partisan ist der Kämpfer der genannten neun Zehntel einer Kriegführung, die nur das letzte Zehntel den regulären Streitkräften überläßt[39]. Mao Tse übersieht keineswegs, daß dieses letzte Zehntel für das Ende des Krieges entscheidend ist. Doch muß man sich als Europäer alter Tradition gerade hier davor hüten, in die konventionellen klassischen Begriffe von Krieg und Frieden zurückzufallen, die, wenn sie von Krieg und Frieden sprechen, den europäischen gehegten Krieg des 19. Jahrhunderts und demnach keine absolute, sondern eine nur relative und hegbare Feindschaft unterstellen.

Die reguläre Rote Armee erscheint erst dann, wenn die Situation reif ist für ein kommunistisches Regime. Dann erst wird das Land offen militärisch besetzt. Das zielt natürlich nicht auf einen Friedensschluß im Sinne des klassischen Völkerrechts. Die praktische Bedeutung einer solchen Doktrin wird seit 1945 durch die Teilung Deutschlands aller Welt auf das eindringlichste demonstriert. Am 8. Mai 1945 hörte der militärische Krieg gegen das besiegte Deutschland auf; Deutschland hat damals bedingungslos kapituliert. Bis heute, 1963, ist noch kein Friede der alliierten Sieger mit Deutschland zustande gekommen; aber bis auf den heutigen Tag verläuft die Grenze zwischen dem Osten und dem Westen genau gemäß den Linien, nach denen vor achtzehn Jahren die amerikanischen und die sowjetischen regulären Truppen ihre Besatzungszonen abgegrenzt haben.

---

[39] Helmut Staedke, in einem Vortrag vom 17. Oktober 1956 (Arbeitsgemeinschaft für Wehrforschung). In Deutschland sind besonders bekannt geworden: J. Hogard, Theorie des Aufstandskrieges, in der Zeitschrift „Wehrkunde", Bd. 4, Oktober 1957, S. 533—538; ferner der Colonel C. Lacheroy, La campagne d'Indochin ou une leçon de guerre révolutionaire, 1954, vgl. Th. Arnold, a. a. O. 171 ff.

Sowohl das (mit 9:1 bezifferte) Verhältnis von kaltem und offenmilitärischem Krieg, wie auch die tiefere, weltpolitische Symptomatik der Teilung Deutschlands seit 1945 sind für uns nur Beispiele, um Maos politische Theorie zu verdeutlichen. Ihr Kern liegt im Partisanentum, dessen Wesensmerkmal heute die wirkliche Feindschaft ist. Die bolschewistische Theorie Lenins hat den Partisanen erkannt und anerkannt. Im Vergleich zu der konkreten tellurischen Wirklichkeit des chinesischen Partisanen hat Lenin etwas Abstrakt-Intellektuelles in der Bestimmung des Feindes. Der ideologische Konflikt zwischen Moskau und Peking, der seit 1962 immer stärker zutage trat, hat seinen tiefsten Ursprung in dieser konkret-verschiedenen Wirklichkeit eines echten Partisanentums. Die Theorie des Partisanen erweist sich auch hier als Schlüssel zur Erkenntnis der politischen Wirklichkeit.

Von Mao Tse-tung zu Raoul Salan

Den Ruhm Mao Tse-tungs als des modernsten Lehrers der Kriegführung haben französische Berufsoffiziere von Asien nach Europa getragen. In Indochina stieß der Kolonialkrieg alten Stils mit dem revolutionären Krieg der Gegenwart zusammen. Dort haben sie die Schlagkraft der wohldurchdachten Methoden einer subversiven Kriegführung, psychologischen Massenterrors und deren Verbindung mit dem Partisanenkrieg am eigenen Leibe kennengelernt. Sie haben aus ihren Erfahrungen eine Doktrin des psychologischen, des subversiven und des insurrektionellen Krieges entwickelt, über den bereits eine umfangreiche Literatur vorliegt[40].

---

[40] Ich verweise summarisch auf die Literaturangaben in den zitierten Büchern von Th. Arnold und H. Rentsch, das Werk „Paix et Guerre entre les Nations" von Raymond Aron, Paris (Callmann-Lévy) 1962, den Sammelband von Luis García Arias, La Guerra Moderna y la Organisacion Internacional, Instituto de Estudios Politicos, Madrid, 1962; ferner auf die Etudes des Phénomènes de la Guerre psychologique der Ecole Militaire d'Administration de Montpellier, 1959, besonders Heft 2, Les Formes Nouvelles de la Guerre von Luis García Arias, sowie die Bücher von Jacques Fauvet und Jean Planchais, La Fronde des Généraux, Paris (Arthaud) 1961, und Claude Paillat, Dossier Secret de l'Algérie, Paris (Presses de la Cité) 1962, P. Paret and John W. Shy, Guerrillas in the 1960's, New York 1962, p. 88.

Man hat darin das typische Produkt einer Denkweise von Berufsoffizieren, und zwar von Obersten, von Colonels, erblicken wollen. Über diese Zuordnung zum Colonel soll hier nicht weiter gestritten werden, obwohl es vielleicht interessant wäre, die Frage zu stellen, ob nicht auch eine Figur wie Clausewitz im ganzen eher dem geistigen Typus der Obersten als dem des Generals entspricht. Für uns handelt es sich um die Theorie des Partisanen und ihre folgerichtige Entwicklung, und diese wird in einem eklatant konkreten Fall der letzten Jahre eher durch einen General als durch einen Obersten verkörpert, nämlich in dem Schicksal des Generals Raoul Salan. Er ist — mehr als die andern Generäle Jouhaud, Challe oder Zeller — die für uns wichtigste Figur dieses Zusammenhangs. In der exponierten Position des Generals hat sich ein existenzieller Konflikt enthüllt, der für die Erkenntnis des Partisanenproblems entscheidende Konflikt, der eintreten muß, wenn der regulär kämpfende Soldat nicht nur gelegentlich, sondern dauernd in einem darauf angelegten Kriege, den Kampf mit einem grundsätzlich revolutionär und irregulär kämpfenden Feind bestehen soll.

Salan hatte schon als junger Offizier den Kolonialkrieg in Indochina kennengelernt. Während des Weltkrieges 1940/44 war er dem Generalstab der Kolonien zugeteilt und in dieser Eigenschaft in Afrika. 1948 kam er als Kommandant französischer Truppen nach Indochina; 1951 wurde er Hoher Kommissar der Französischen Republik in Nord-Vietnam; er leitete die Untersuchung der Niederlage von Dien-Bien-Phu 1954. Im November 1958 wurde er zum Obersten Kommandanten der französischen Streitkräfte in Algier ernannt. Bisher konnte er politisch zur Linken gerechnet werden, und noch im Januar 1957 hat eine undurchsichtige Organisation, die man auf deutsch vielleicht als „Fehme" bezeichnen kann, ein lebensgefährliches Attentat auf ihn verübt. Aber die Lehren des Krieges in Indochina und die Erfahrungen des algerischen Partisanenkrieges bewirkten es, daß er der unerbittlichen Logik des Partisanenkriegs erlag. Der Chef der damaligen Pariser Regierung, Pflimlin, hatte ihm alle Vollmachten gegeben. Aber am 15. Mai 1958 verhalf er im entscheidenden Augenblick dem General de Gaulle zur Macht, indem er bei einer öffentlichen Veranstaltung auf dem Forum in Algier *Vive de Gaulle!* rief. Doch sah er sich bald bitter enttäuscht in seiner **Erwartung,** de Gaulle werde die in der Verfassung garantierte, territoriale Souveränität Frankreichs über Algerien bedingungslos verteidigen. Im Jahre 1960 begann die offene Feindschaft gegen de Gaulle. Im Januar 1961 gründeten einige seiner Freunde die OAS (Organisation d'Armée Secrète), deren deklarierter Chef Salan wurde, als er am 23. April zu dem Offiziersputsch nach Algier herbeigeeilt war. Als dieser Putsch schon am 25. April 1961 zusammenbrach, versuchte die OAS planmäßige Terroraktionen sowohl gegen den algerischen Feind wie gegen die Zivilbevölkerung in Algier und die Bevölkerung in Frankreich selbst; planmäßig im Sinne der Methoden einer sogenannten psychologischen Kriegführung des modernen Massenterrors. Das Terror-Unternehmen erlitt den entscheidenden Schlag im April 1962, mit der Verhaftung Salans durch die französische Polizei. Die Verhandlung vor dem Hohen Militärgericht in Paris begann am 15. Mai und endete am 23. Mai 1962. Die Anklage ging auf den Versuch eines gewaltsamen Umsturzes des legalen Regimes und auf die Terrorakte der OAS, umfaßte also nur den Zeitraum vom April 1961 bis April 1962. Das Urteil lautete nicht auf Tod, sondern auf lebenslängliches Zuchthaus (détention criminelle à perpétuité), weil das Gericht dem Angeklagten mildernde Umstände zubilligte.

Ich habe hier dem deutschen Leser schnell einige Daten in die Erinnerung zurückgerufen. Es gibt noch keine Geschichte Salans und der OAS, und es steht uns nicht zu, uns mit Stellungnahmen und Beurteilungen in einen so tiefen, inneren Konflikt der französischen Nation einzumischen. Wir können hier nur aus dem Material, soweit es veröffentlicht ist[41], einige Linien herausarbeiten, um unsere sachliche Frage zu verdeutlichen. Viele Parallelen, die das Partisanentum betreffen, drängen sich hier auf. Wir werden noch auf eine von ihnen zurückkommen, aus rein heuristischen Gründen und mit aller gebotenen Vorsicht. Die Analogie zwischen den vom spanischen Guerrillakrieg beein-

---

41 Le Procès de Raoul Salan, compte-rendu sténographique, in der Collection „Les grands procès contemporains", herausgegeben von Maurice Garçon, Edition Albin Michel, Paris 1962.

druckten preußischen Generalstabsoffizieren der Jahre 1808/13 und den französischen Generalstäblern der Jahre 1950/60, die den modernen Partisanenkrieg in Indochina und Algerien erfahren hatten, ist frappant. Die großen Verschiedenheiten sind ebenfalls offensichtlich und bedürfen keiner langen Darlegung. Es besteht eine Verwandtschaft in der Kernsituation und in vielen Einzel-Schicksalen. Doch darf das nicht abstrakt übertrieben werden in dem Sinne, als könnten nun alle Theorien und Konstruktionen besiegter Militärs der Weltgeschichte miteinander identifiziert werden. Das wäre Unsinn. Auch der Fall des preußischen Generals Ludendorff liegt in vielen wesentlichen Punkten anders als der des Links-Republikaners Salan. Uns kommt es nur auf eine Klärung der Theorie des Partisanen an.

Während der Verhandlung vor dem Hohen Militärgericht hat Salan geschwiegen. Zu Beginn der Verhandlung gab er eine längere Erklärung ab, deren erste Sätze lauteten: *Je suis le chef de l'OAS. Ma respontabilité est donc entière.* In der Erklärung verwahrt er sich dagegen, daß Zeugen, die er benannt hatte — darunter der Staatspräsident de Gaulle — nicht vernommen wurden, und daß man den Prozeßstoff auf die Zeit von April 1961 (Offizierputsch in Algier) bis April 1962 (Verhaftung Salans) beschränkte, wodurch seine eigentlichen Motive verwischt und große geschichtliche Vorgänge isoliert, auf die Typen und Tatbestände eines normalen Strafgesetzbuches reduziert und abgekapselt wurden. Die Gewalttaten der OAS bezeichnete er als bloße Erwiderung auf die hassenswerteste aller Gewalttaten, die darin besteht, Menschen, die ihre Nation nicht verlieren wollen, diese Nation zu entreißen. Die Erklärung schließt mit den Worten: „Ich schulde nur denen Rechenschaft, die dafür leiden und sterben, daß sie an ein gebrochenes Wort und an eine verratene Pflicht geglaubt haben. Von jetzt ab werde ich schweigen."

Salan hat sein Schweigen tatsächlich während der ganzen Verhandlung gewahrt, auch gegenüber mehreren, heftig insistierenden Fragen des Anklägers, der dieses Schweigen für bloße Taktik erklärte. Der Präsident des Hohen Militärgerichts hat nach einem kurzen Hinweis auf das „Unlogische" eines solchen Schweigens das Verhalten des Angeklagten schließlich, wenn nicht respektiert so doch toleriert und nicht als *contempt of court* behandelt. Am Schluß der Verhandlung antwortete Salan auf die Frage des Vorsitzenden, ob er noch etwas zu seiner Verteidigung hinzufügen habe: „Ich werde den Mund nur öffnen, um *Vive la France!* zu rufen, und dem Vertreter der Anklage erwidere ich einfach: *que Dieu me garde!*[42]

Der erste Teil dieser Schlußbemerkung Salans wendet sich an den Präsidenten des Hohen Militärgerichts und hat die Situation der Vollstreckung eines Todesurteils im Auge. In dieser Situation, im Augenblick der Hinrichtung, würde Salan rufen: *Vive la France!* Der zweite Teil richtet sich an den Vertreter der öffentlichen Anklage und klingt etwas orakelhaft. Er wird aber dadurch verständlich, daß der Ankläger — in einer Weise, die für den Staatsanwalt eines immerhin noch laizistischen Staates nicht alltäglich ist — plötzlich religiös geworden war. Er hatte nicht nur das Schweigen Salans für Hochmut und Mangel an Bußgesinnung erklärt, um gegen die Zubilligung mildernder Umstände zu plädieren; er sprach plötzlich, wie er ausdrücklich sagte, als „Christ zu einem Christen", *un chrétien qui s'adresse à un chrétien*, und hielt dem Angeklagten vor, dieser habe durch seine Reuelosigkeit die Gnade des gütigen Christengottes verwirkt und sich die ewige Verdammnis zugezogen. Dazu sagte Salan: *que Dieu me garde!* Man sieht die Abgründe, über denen sich Scharfsinn und Rhetorik eines politischen Prozesses abspielen. Doch handelt es sich für uns nicht um das Problem der politischen Justiz[43]. Uns interessiert nur die Erhellung eines Komplexes von Fragen, die durch Schlagworte wie totaler Krieg, psychologischer Krieg, subversiver Krieg, insurrektioneller Krieg, unsichtbarer Krieg, in arge Verwirrung geraten sind und das Problem des modernen Partisanentums verstellen.

---

[42] Der Vertreter der Anklage stellte fünfmal ein „Großes Schweigen" des Angeklagten gegenüber Fragen des Anklägers fest (p. 108 und 157 des zitierten Prozeßberichts). Salans Wiederholung seiner Erklärung, daß er schweigen werde, kann man nicht als Unterbrechung des Schweigens ansehen (a. a. O., p. 89, 152, 157), ebensowenig seinen Dank an den früheren Präsidenten Coty nach dessen Aussage (p. 172). Die ungewöhnlichen Schlußsätze des Plädoyers des Anklagevertreters, ohne die Salans Schlußwort unverständlich ist, finden sich auf S. 480 des Prozeßberichts.
[43] Carl Schmitt, Verfassungsrechtliche Aufsätze (1958) Glosse 5 auf Seite 109: über die Veränderung der Wirklichkeit durch den gerichtlichen Prozeß.

Der Krieg in Indochina 1946/54 war das „Musterbeispiel eines vollentfalteten modernen revolutionären Krieges" (Th. Arnold, a. a. O., S. 186). Salan hat in den Wäldern, Dschungeln und Reisfeldern Indochinas einen modernen Partisanenkrieg kennengelernt. Er hat es erlebt, daß indochinesische Reisbauern ein Bataillon erstklassiger französischer Soldaten in die Flucht schlagen konnten. Er sah das Elend der Flüchtlinge und lernte die von Ho Chi-minh organisierte Untergrundorganisation kennen, die die legale französische Verwaltung überlagerte und überspielte. Mit der Exaktheit und Präzision eines Generalstäblers machte er sich an die Beobachtung und Prüfung der neuen, mehr oder weniger terroristischen Kriegsführung. Dabei stieß er gleich auf das, was er und seine Kameraden die „psychologische" Kriegführung nannten, die neben der militär-technischen Aktion zum modernen Krieg gehört. Hier konnte Salan ohne weiteres das Gedankensystem Maos übernehmen; doch ist bekannt, daß er sich auch in die Literatur über den spanischen Guerrillakrieg gegen Napoleon vertieft hat. In Algerien stand er mitten in der Situation, daß 400 000 gutausgerüstete französische Soldaten gegen 20 000 algerische Partisanen kämpften, mit dem Ergebnis, daß Frankreich auf seine Souveränität über Algerien verzichtete. Die Verluste an Menschenleben waren bei der algerischen Gesamtbevölkerung zehn- bis zwanzigmal größer als auf der französischen Seite, aber die materiellen Aufwendungen der Franzosen waren zehn- bis zwanzigmal höher als bei den Algeriern. Kurz, Salan stand wirklich, mit seiner ganzen Existenz als Franzose und Soldat, vor einem *étrange paradoxe*, in einer *Irrsinnslogik*, die einen mutigen und intelligenten Mann erbittern und zum Versuch eines Gegenschlages treiben konnte[44].

---

[44] Von einem *étrange paradoxe* spricht Raymond Aron, der in seinem großen Werk „Paix et Guerre entre les nations" (Paris, Calmann-Lévy, 1962, S. 245) die algerische Situation in dem Kapitel *Determinants et Nombre* heranzieht. Den Ausdruck „Irrsinnslogik" von Hans Schomerus haben wir schon zitiert; er stammt aus seiner Partisanenerzählung „Der Wächter an der Grenze" (Furche Verlag 1948).

Aspekte und Begriffe des letzten Stadiums

Wir versuchen, in dem Labyrinth einer solchen, für den modernen Partisanenkrieg typischen Situation, vier verschiedene Aspekte zu unterscheiden, um einige klare Begriffe zu gewinnen: den Raumaspekt, dann die Zertrümmerung sozialer Strukturen, ferner die Verflechtung in weltpolitische Zusammenhänge, und schließlich den technisch-industriellen Aspekt. Diese Reihenfolge ist verhältnismäßig umstellbar. Es versteht sich von selbst, daß in der konkreten Wirklichkeit nicht etwa vier isolierbare, voneinander unabhängige Bereiche vorhanden sind, sondern erst ihre intensiven Wechselwirkungen, ihre gegenseitigen funktionalen Abhängigkeiten das Gesamtbild ergeben, so daß jede Erörterung des einen Aspekts gleichzeitig immer Bezugnahmen und Implikationen der drei andern Aspekte enthält und schließlich alle in das Kraftfeld der technisch-industriellen Entwicklung einmünden.

Raumaspekt

Ganz unabhängig von dem guten oder bösen Willen der Menschen, von friedlichen oder kriegerischen Zwecken und Zielen, produziert jede Steigerung der menschlichen Technik neue Räume und unabsehbare Veränderungen der überkommenen Raumstrukturen. Das gilt nicht nur für die äußerlichen, auffälligen Raumerweiterungen der kosmischen Raumfahrt, sondern auch für unsere alten irdischen Wohn- Arbeits- Kult- und Spielräume. Der Satz „die Wohnung ist unverletzlich" bewirkt heute, im Zeitalter der elektrischen Beleuchtung, der Ferngasversorgung, des Telefons, Radios und Fernsehens, eine ganz andere Art Hegung wie zur Zeit des King John und der Magna Charta von 1215, als der Schloßherr die Zugbrücke hochziehen konnte. An der technischen Steigerung menschlicher Effektivität zerbrechen ganze Normensysteme wie das Seekriegsrecht des 19. Jahrhunderts. Aus dem herrenlosen Meeresboden taucht der Raum, der vor der Küste liegt, das sogenannte Kontinentalschelf, als neuer Aktionsraum des Menschen auf. In den herrenlosen Tiefen des pazifischen Ozeans entstehen Bunker für den Atom-Müll. Der industriell-technische Fortschritt verändert mit den Raumstrukturen auch die Raumordnungen. Denn das Recht ist die Einheit von Ordnung und Ortung, und das Problem des Partisanen ist das Problem des Verhältnisses von regulärem und irregulärem Kampf.

Ein moderner Soldat mag für seine Person fortschritts-optimistisch oder -pessimistisch gesinnt sein. Für unser Problem wäre das auch nicht so wichtig. In waffentechnischer Hinsicht denkt jeder Generalstäbler unmittelbar praktisch und zweckrational. Dagegen liegt ihm, vom Kriege her, der Raumaspekt auch theoretisch nahe. Die Strukturverschiedenheit des sogenannten Kriegsschauplatzes im Landkrieg und im Seekrieg ist ein altes Thema. Der Luft-Raum ist seit dem ersten Weltkrieg als eine neue Dimension hinzugekommen, wodurch zugleich die bisherigen *Schauplätze* von Land und Meer in ihrer Raumstruktur verändert wurden[45]. Im Partisanenkampf entsteht ein kompliziert strukturierter neuer Aktionsraum, weil der Partisan nicht auf einem offenen Schlachtfeld und nicht auf der gleichen Ebene des offenen Frontenkrieges kämpft. Er zwingt vielmehr seinen Feind in einen anderen Raum hinein. So fügt er der Fläche des regulären, herkömmlichen Kriegsschauplatzes eine andere, dunklere Dimension hinzu, eine Dimension der Tiefe[46], in der die zur Schau getragene Uni-

---

[45] Dazu die Abschnitte *Das Raumbild des nach Land und Meer getrennten Kriegsschauplatzes* und *Wandel des Raumbildes der Kriegsschauplätze* in *Der Nomos der Erde* Seite 285 ff. und 290 ff. sowie die Berliner Dissertation von Ferdinand Friedensburg, Der Kriegsschauplatz, 1944.

[46] In dem oben (Anm. 24) zitierten Buch von Dixon-Heilbrunn, Partisanen, taucht der Gesichtspunkt des Partisanenkampfes als eines Kampfes „in der Tiefe der feindlichen Front" (S. 199) auf, freilich nicht in dem Zusammenhang des allgemeinen Raumproblems von Landkrieg und Seekrieg. Zu diesem allgemeinen Raumproblem verweise ich auf meine Schrift *Land und Meer* (Reclams Universalbibliothek Nr. 7536, 1. Aufl. 1942, 2. Aufl. 1954) und mein Buch *Der Nomos der Erde* (Verlag Duncker & Humblot, Berlin 1950) S. 143 ff.

form tödlich wird. Auf diese Weise liefert er im Bereich des Terranen eine unerwartete, aber darum nicht weniger effektive Analogie zu dem Unterseeboot, das ebenfalls der Oberfläche des Meeres, auf der sich der Seekrieg alten Stils abspielte, eine unerwartete Tiefendimension hinzufügte. Er stört, aus einem Untergrund heraus, das konventionelle, reguläre Spiel auf der offenen Bühne. Er verändert, aus seiner Irregularität heraus, die Dimensionen nicht nur taktischer, sondern auch strategischer Operationen der regulären Armeen. Verhältnismäßig kleine Partisanengruppen können unter Ausnutzung der Bodenverhältnisse große Massen regulärer Truppen binden. Wir erwähnten vorhin das „Paradox" am Beispiel Algeriens. Schon Clausewitz hat es klar erkannt und in einer bereits (oben Anm. 30) zitierten Äußerung prägnant umschrieben, indem er sagt, daß einige wenige Partisanen, die einen Raum beherrschen, den „Namen einer Armee" in Anspruch nehmen können.

Es dient der konkreten Klarheit des Begriffs, daß wir an dem tellurisch-terranen Charakter des Partisanen festhalten und ihn nicht als einen Korsaren des Landes kennzeichnen oder sogar definieren. Der Irregularität des Piraten fehlt jede Beziehung zu einer Regularität. Der Korsar dagegen macht Kriegsbeute zur See und ist mit dem „Brief" einer staatlichen Regierung ausgestattet; seiner Art Irregularität fehlt also nicht jede Beziehung zur Regularität, und so konnte er bis zum Pariser Frieden von 1856 eine juristisch anerkannte Figur des europäischen Völkerrechts sein. Insofern können beide, der Korsar des Seekrieges und der Partisan des Landkrieges, miteinander verglichen werden. Eine starke Ähnlichkeit und sogar Gleichheit bewährt sich vor allem darin, daß der Satz „Mit Partisanen kämpft man nur auf Partisanenart" und der andere Satz *à corsaire corsaire et demi* im Grunde das Gleiche besagen. Dennoch ist der heutige Partisan etwas anderes als ein Korsar des Landkrieges. Dafür bleibt der elementare Gegensatz von Land und Meer zu groß. Es mag sein, daß die überkommenen Verschiedenheiten von Krieg und Feind und Beute, die bisher den völkerrechtlichen Gegensatz von Land und Meer begründeten, eines Tages im Schmelztiegel des industriell-technischen Fortschritts einfach zergehen. Vorläufig bedeutet der Partisan immer noch ein Stück echten Bodens; er ist einer der letzten Posten der Erde als eines noch nicht völlig zerstörten weltgeschichtlichen Elements.

Schon der spanische Guerrilla-Krieg gegen Napoleon erhält sein volles Licht erst in dem großen Raum-Aspekt dieses Gegensatzes von Land und Meer. England unterstützte die spanischen Partisanen. Eine maritime Macht bediente sich für ihre großen kriegerischen Unternehmungen der irregulären Kämpfer des Landkrieges, um den kontinentalen Feind zu besiegen. Schließlich ist Napoleon nicht durch England, sondern durch die Landmächte Spanien, Rußland, Preußen und Österreich zur Strecke gebracht worden. Die irreguläre, typisch tellurische Kampfart des Partisanen trat in den Dienst einer typisch maritimen Weltpolitik, die ihrerseits im Bereich des Seekriegsrechts jede Irregularität auf dem Meer unerbittlich disqualifizierte und kriminalisierte. In dem Gegensatz von Land und Meer konkretisieren sich verschiedene Arten der Irregularität, und nur wenn wir die konkrete Besonderheit, der mit *Land* und *Meer* gekennzeichneten Raumaspekte in den spezifischen Formen ihrer Begriffsbildung im Auge behalten, sind Analogien erlaubt und fruchtbar. Das gilt in erster Linie für die Analogie, auf die es uns hier für eine Erkenntnis des Raumaspekts ankommt. In analoger Weise nämlich, wie sich die Seemacht England in ihrem Krieg gegen die Kontinentalmacht Frankreich des bodenständigen spanischen Partisanen bediente, der den Schauplatz des Landkrieges durch einen irregulären Raum veränderte, bediente sich später im ersten Weltkrieg die Landmacht Deutschland gegen die Seemacht England des Unterseebootes als einer Waffe, die dem bisherigen Raum der Seekriegführung einen unerwarteten andern Raum hinzufügte. Die damaligen Herren der Oberfläche des Meeres haben die neue Kampfart sofort als ein irreguläres, ja verbrecherisches und piratenhaftes Kampfmittel zu diskriminieren versucht. Heute, im Zeitalter der Unterseeboote mit Polaris-Raketen, sieht jeder, daß sich beides — Napoleons Entrüstung über den spanischen Guerrillero und Englands Entrüstung über das deutsche Unterseeboot — auf ein und derselben geistigen Ebene bewegte, nämlich auf der Entrüstungs-Ebene von Unwerturteilen gegenüber nicht-einkalkulierten Raumveränderungen.

Zertrümmerung sozialer Strukturen

Ein ungeheuerliches Beispiel der Zertrümmerung sozialer Strukturen haben die Franzosen 1946—1956 in Indochina erlebt, als ihre dortige Kolonialherrschaft zusammenbrach. Wir erwähnten schon die Organisation des Partisanenkampfes durch Ho Chi-minh in Vietnam und Laos. Hier stellten die Kommunisten auch die unpolitische Zivilbevölkerung in ihren Dienst. Sie dirigierten sogar das Hauspersonal der französischen Offiziere und Beamten und die Hilfsarbeiter der französischen Armeeversorgung. Sie trieben bei der Zivilbevölkerung Steuern ein und verübten Terrorakte aller Art, um die Franzosen zum Gegenterror gegen die einheimische Bevölkerung zu veranlassen, wodurch deren Haß gegen die Franzosen noch mehr geschürt wurde. Kurz, die moderne Form des revolutionären Krieges führt zu vielen neuen subkonventionellen Mitteln und Methoden, deren Schilderung im einzelnen den Rahmen unserer Darlegung sprengen würde. Ein Gemeinwesen existiert als *res publica,* als Öffentlichkeit, und ist in Frage gestellt, wenn sich in ihm ein Raum der Nicht-Öffentlichkeit bildet, der diese Öffentlichkeit wirksam desavouiert. Vielleicht genügt diese Andeutung, um zum Bewußtsein zu bringen, daß der Partisan, den das fachmilitärische Bewußtsein des 19. Jahrhunderts verdrängt hatte, plötzlich in den Mittelpunkt einer neuen Art der Kriegführung rückte, deren Sinn und Ziel die Zerstörung der bestehenden sozialen Ordnung war.

In der veränderten Geisel-Praxis wird das handgreiflich sichtbar. Im deutsch-französischen Krieg 1870/71 nahmen die deutschen Truppen, zu ihrem Schutz gegen Franktireurs, die Notablen eines Ortes als Geisel: Bürgermeister, Pfarrer, Ärzte und Notare. Der Respekt vor solchen Honoratioren und Notablen konnte benutzt werden, um die ganze Bevölkerung unter Druck zu setzen, weil das soziale Ansehen solcher typisch bürgerlichen Schichten praktisch außer Zweifel stand. Eben diese bürgerliche Klasse wird im revolutionären Bürgerkrieg des Kommunismus zum eigentlichen Feind. Wer solche Honoratioren als Geiseln benutzt, arbeitet, nach Lage der Sache, für die kommunistische Seite. Dem Kommunisten können derartige Geiselnahmen so zweckdienlich sein, daß er sie nötigenfalls provoziert, sei es um eine bestimmte bürgerliche Schicht auszurotten, sei es um sie auf die kommunistische Seite zu treiben. In einem bereits genannten Buch über den Partisanen ist diese neue Wirklichkeit gut erkannt. Im Partisanenkrieg, so heißt es dort, ist eine wirksame Geiselnahme nur gegen Partisanen selbst oder ihre nächsten Mitkämpfer möglich. Sonst schafft man nur neue Partisanen. Umgekehrt ist für den Partisanen jeder Soldat der regulären Armee, jeder Uniformträger Geisel. „Jede Uniform, sagt Rolf Schroers, soll sich bedroht fühlen, und damit alles, was sie als Devise vertritt[47]."

Man braucht diese Logik von Terror und Gegenterror nur zu Ende zu denken und sie dann auf jede Art von Bürgerkrieg zu übertragen, um die Zertrümmerung der Sozialstrukturen zu sehen, die heute am Werk ist. Wenige Terroristen genügen, um große Massen unter Druck zu setzen. An den engeren Raum des offenen Terrors fügen sich die weiteren Räume der Unsicherheit, der Angst und des allgemeinen Mißtrauens an, eine „Landschaft des Verrats", die Margret Boveri in einer Reihe von vier aufregenden Büchern geschildert hat[48]. Alle Völker des europäischen Kontinents — mit ein paar klei-

---

[47] Rolf Schroers, Der Partisan, a. a. O., S. 33 f. Förmliche Verbote der Geiselnahme (wie Art. 34 der 4. Genfer Konvention) treffen nicht die modernen Methoden effektiver Vergeiselung ganzer Gruppen; vgl. S. 94.

[48] Margret Boveri, Der Verrat im XX. Jahrhundert, Rowohlts deutsche Enzyklopädie, 1956—1960. Das Personal dieses Buches besteht nicht nur aus Partisanen. Aber die „abgründige Konfusion" einer *Landschaft des Verrates* läßt alle Grenzen von Legalität und Legitimität „heillos verschwimmen", so daß das Auftreibung zu einer allgemeinen Gestalt des Partisanen naheliegt. Ich habe das an dem Beispiel von J. J. Rousseau gezeigt, in dem Artikel „Dem wahren Johann Jakob Rousseau" zum 28. Juni 1962, in der „Zürcher Woche" Nr. 26 vom 29. Juni 1962, vgl. oben Anm. 13, 15 und 16. Aus jener „abgründigen Konfusion" zieht Armin Mohler als Historiker die Lehre, daß man „der vielfächrigen Figur des Partisanen ... vorläufig nur mit historischer Beschreibung beikommt. Aus größerer Distanz mag das einmal anders sein. Auf lange hinaus noch wird jeder Versuch einer denkerischen oder dichterischen Bewältigung dieser Landschaft nur rätselhafte, zeitsymptomatisch hochbedeutsame Fragmente ... hervorbringen" (so in einer Besprechung des Buches von Rolf Schroers in der Zeitschrift Das Historisch-Politische Buch, Musterschmidt Verlag, Göttingen, 1962, Heft 8). Diese Lehre Mohlers und das in ihr implizierte Urteil trifft natürlich auch unseren eigenen Versuch einer Theorie des Partisanen. Wir sind uns dessen bewußt. Unser Versuch wäre damit auch wirklich erledigt und abgetan, wenn unsere Kategorien und Begriffe so wenig reflektiert wären wie das, was bisher zur Widerlegung oder Ausschaltung unseres Begriffes des Politischen geäußert worden ist.

nen Ausnahmen — haben das im Verlauf von zwei Weltkriegen und zwei Nachkriegszeiten als neue Wirklichkeit am eigenen Leib erfahren.

Der weltpolitische Zusammenhang

Ebenso ist unser dritter Aspekt, die Verflechtung in weltpolitische Fronten und Zusammenhänge, seit langem in das allgemeine Bewußtsein eingedrungen. Die autochthonen Verteidiger des heimatlichen Bodens, die *pro aris et focis* starben, die nationalen und patriotischen Helden, die in den Wald gingen, alles, was gegenüber der fremden Invasion die Reaktion einer elementaren, tellurischen Kraft war, ist inzwischen unter eine internationale und übernationale Zentralsteuerung geraten, die hilft und unterstützt, aber nur im Interesse eigener, ganz anders gearteter, weltaggressiver Ziele, und die, je nachdem schützt oder im Stich läßt. Der Partisan hört dann auf, wesentlich defensiv zu sein. Er wird zu einem manipulierten Werkzeug weltrevolutionärer Aggressivität. Er wird einfach verheizt und um alles das betrogen, wofür er den Kampf aufnahm und worin der tellurische Charakter, die Legitimität seiner partisanischen Irregularität, verwurzelt war.

Irgendwie ist der Partisan als irregulärer Kämpfer immer auf die Hilfe eines regulären Mächtigen angewiesen. Dieser Aspekt der Sache war stets vorhanden und auch bewußt. Der spanische Guerrillero fand seine Legitimität in seiner Defensive und in seiner Übereinstimmung mit Königtum und Nation; er verteidigte den heimatlichen Boden gegen einen fremden Eroberer. Aber Wellington gehört ebenfalls zum spanischen Guerrillakrieg und der Kampf gegen Napoleon wurde mit englischer Hilfe geführt. Voller Ingrimm hat Napoleon oft daran erinnert, daß England der eigentliche Schürer und auch der eigentliche Nutznießer des spanischen Partisanenkrieges war. Heute tritt der Zusammenhang noch viel schärfer ins Bewußtsein, weil die ununterbrochene Steigerung der technischen Kampfmittel den Partisanen von der fortwährenden Hilfe eines Verbündeten abhängig macht, der technisch-industriell imstande ist, ihn mit den neuesten Waffen und Maschinen zu versorgen und zu entwickeln.

Wenn mehrere interessierte Dritte miteinander konkurrieren, hat der Partisan einen Spielraum eigener Politik. Das war die Lage Titos in den letzten Jahren des Weltkrieges. In den Partisanenkämpfen, die in Vietnam und Laos ausgetragen werden, kompliziert sich die Situation dadurch, daß innerhalb des Kommunismus selbst der Gegensatz von russischer und chinesischer Politik akut geworden ist. Mit Unterstützung von Peking würden mehr Partisanen über Laos nach Nord-Vietnam eingeschleust werden können; das wäre effektiv eine stärkere Hilfe für den vietnamesischen Kommunismus als die Unterstützung von Moskau. Der Führer des Befreiungskrieges gegen Frankreich, Ho Chi-minh, war Anhänger Moskaus. Die stärkere Hilfe wird den Ausschlag geben, sei es für die Option zwischen Moskau und Peking, sei es für andere Alternativen, die in der Situation liegen.

Für solche hochpolitischen Zusammenhänge hat das oben zitierte Buch über den Partisanen von Rolf Schroers eine treffende Formel gefunden; es spricht von dem *interessierten Dritten.* Das ist ein gutes Wort. Dieser interessierte Dritte ist hier nämlich nicht irgendeine banale Figur, wie der sprichtwörtliche lachende Dritte. Er gehört vielmehr wesentlich zur Situation des Partisanen und deshalb auch zu seiner Theorie. Der mächtige Dritte liefert nicht nur Waffen und Munition, Geld, materielle Hilfsmittel und Medikamente aller Art, er verschafft auch die Art politischer Anerkennung, deren der irregulär kämpfende Partisan bedarf, um nicht, wie der Räuber und der Pirat, ins Unpolitische, das bedeutet hier: ins Kriminelle abzusinken. Auf längere Sicht muß sich das Irreguläre am Regulären legitimieren; und dafür stehen ihm nur zwei Möglichkeiten offen: die Anerkennung durch ein bestehendes Reguläres, oder die Durchsetzung einer neuen Regularität aus eigener Kraft. Das ist eine harte Alternative.

In dem Maße, in dem der Partisan sich motorisiert, verliert er seinen Boden und wächst seine Abhängigkeit von den technisch-industriellen Mitteln, deren er für seinen Kampf bedarf. Damit wächst auch die Macht des interessierten Dritten, so daß sie schließlich planetarische Ausmaße erreicht. Sämtliche Aspekte, unter denen wir das heutige Partisanentum bisher betrachtet haben, scheinen dadurch in dem alles beherrschenden technischen Aspekt aufzugehen.

Technischer Aspekt

Auch der Partisan partizipert ja an der Entwicklung, am Fortschritt, an der modernen Technik und ihrer Wissenschaft. Der alte Partisan, dem das preußische Landsturmedikt von 1813 die Heugabel in die Hand drücken wollte, wirkt heute komisch. Der moderne Partisan kämpft mit Maschinenpistolen, Handgranaten, Plastikbomben und vielleicht bald auch mit taktischen Atomwaffen. Er ist motorisiert und an ein Nachrichtennetz angeschlossen, mit Geheimsendern und Radargeräten. Er wird durch Flugzeuge aus der Luft mit Waffen und Nahrungsmitteln versorgt. Er wird aber auch, wie heute, 1962, in Vietnam, mit Hubschraubern bekämpft und ausgehungert. Sowohl er selbst wie auch seine Bekämpfer halten Schritt mit der rapiden Entwicklung der modernen Technik und ihrer Art Wissenschaft.

Ein englischer Marine-Fachmann nannte die Piraterie das „vorwissenschaftliche Stadium" des Seekrieges. Aus gleichem Geist müßte er den Partisanen als das vorwissenschaftliche Stadium der Landkriegsführung definieren, und das für die einzig wissenschaftliche Definition erklären. Doch ist auch diese seine Definition wissenschaftlich sofort wieder überholt, denn die Verschiedenheit von Seekrieg und Landkrieg gerät ja selber in den Wirbel des technischen Fortschritts und erscheint heute den Technikern schon als etwas Vorwissenschaftliches, also Erledigtes. Die Toten reiten schnell, und wenn sie motorisiert werden, bewegen sie sich noch schneller. Der Partisan, an dessen tellurischem Charakter wir festhalten, wird jedenfalls zum Ärgernis für jeden zweck- und wertrational denkenden Menschen. Er provoziert geradezu einen technokratischen Affekt. Die Paradoxie seiner Existenz enthüllt ein Mißverhältnis: die industriell-technische Perfektion der Ausrüstung einer modernen regulären Armee gegenüber der vorindustriell agrarischen Primitivität wirksam kämpfender Partisanen. Das hatte ja schon die Wutanfälle Napoleons gegen den spanischen Guerillero hervorgerufen und mußte sich mit der fortschreitenden Entwicklung der industriellen Technik noch entsprechend steigern.

Solange der Partisan nur „leichte Truppe" war, ein taktisch besonders beweglicher Husar oder Schütze, war seine Theorie die Angelegenheit einer kriegswissenschaftlichen Spezialität. Erst der revolutionäre Krieg machte ihn zu einer Schlüsselfigur der Weltgeschichte. Was aber wird aus ihm im Zeitalter der atomaren Vernichtungsmittel? In einer technisch durchorganisierten Welt verschwinden die alten, feudal-agrarischen Formen und Vorstellungen von Kampf und Krieg und Feindschaft. Das ist offensichtlich. Verschwinden deshalb auch Kampf und Krieg und Feindschaft überhaupt und verharmlosen sie sich zu sozialen Konflikten? Wenn die innere, nach der optimistischen Meinung immanente Rationalität und Regularität der technisch durchorganisierten Welt restlos durchgesetzt ist, dann ist der Partisan vielleicht nicht einmal mehr ein Störer. Dann verschwindet er einfach von selbst im reibungslosen Vollzug technisch-funktionalistischer Abläufe, nicht anders, wie ein Hund von der Autobahn verschwindet. Für eine technisch eingestellte Phantasie ist er dann kaum noch ein verkehrspolizeiliches und im übrigen weder ein philosophisches, noch ein moralisches oder juristisches Problem.

Das wäre der eine, und zwar der technisch-optimistische Aspekt einer rein technischen Betrachtung. Er erwartet eine Neue Welt mit einem Neuen Menschen. Mit solchen Erwartungen war bekanntlich schon das Alte Christentum, und zwei Jahrtausende später, im 19. Jahrhundert, der Sozialismus als Neues Christentum angetreten. Beiden fehlte die alles vernichtende *efficiency* der modernen technischen Mittel. Aber von der reinen Technik her ergibt sich, wie stets bei solchen rein technischen Reflexionen, keine Theorie des Partisanen, sondern nur eine optimistische oder pessimistische Reihe von plurivalenten Wert- und Unwertsetzungen. Der Wert hat, wie Ernst Forsthoff treffend sagt, „seine eigene Logik"[49]. Das ist nämlich die Logik des Unwertes und der Vernichtung der Träger dieses Unwertes.

---

[49] Ernst Forsthoff in seinem berühmten Aufsatz „Die Umbildung des Verfassungsgesetzes" (1959). Der Wertsetzer setzt mit seinem Wert *eo ipso* immer einen Unwert; der Sinn der Unwertsetzung ist die Vernichtung des Unwertes. Dieser ein-

Was die Prognosen des weitverbreiteten technizistischen Optimismus anbetrifft, so ist er um eine Antwort, d. h. um die ihm evidente Wert- und Unwertsetzung nicht verlegen. Er glaubt, eine unaufhaltsame, industriell-technische Entwicklung der Menschheit würde von selbst alle Probleme, alle bisherigen Fragen und Antworten, alle bisherigen Typen und Situationen auf eine völlig neue Ebene überführen, auf der die alten Fragen, Typen und Situationen praktisch ebenso unwichtig würden, wie die Fragen, Typen und Situationen der Steinzeit nach dem Übergang zu einer höheren Kultur. Dann würden die Partisanen aussterben, wie die Steinzeitjäger ausgestorben sind, sofern es ihnen nicht gelingt zu überleben und sich zu assimilieren. Jedenfalls sind sie unschädlich und unwichtig geworden.

Wie aber, wenn es einem Menschen-Typus, der bisher den Partisanen lieferte, gelingt, sich an die technisch-industrielle Umwelt anzupassen, sich der neuen Mittel zu bedienen und eine neue, angepaßte Art von Partisanen, sagen wir den Industrie-Partisanen zu entwickeln? Gibt es eine Gewähr dafür, daß die modernen Vernichtungsmittel immer in die rechten Hände fallen und daß ein irregulärer Kampf undenkbar wird? Gegenüber jenem Fortschritts-Optimismus bleibt dem Fortschritts-Pessimismus und seinen technischen Phantasien ein größeres Feld, als man heute meistens denkt. Im Schatten des heutigen atomaren Gleichgewichts der Weltmächte, unter der Glasglocke sozusagen ihrer riesigen Vernichtungsmittel, könnte sich ein Spielraum des begrenzten und gehegten Krieges ausgrenzen, mit konventionellen Waffen und sogar Vernichtungsmitteln, über deren Do-

---

fache Sachverhalt zeigt sich nicht nur in der Praxis, die man an Hand der 1920 erschienenen Schrift „Die Vernichtung des lebensunwerten Lebens" verifizieren kann (obwohl dieses Beispiel für sich allein schon genügen sollte); es bekundet sich zur gleichen Zeit und mit derselben naiven Ahnungslosigkeit auch schon in dem theoretischen Ansatz bei H. Rickert (System der Philosophie, I. 1921, S. 117): es gibt keine negative Existenz, aber negative Werte; der Bezug zur Negation ist das Kriterium dafür, daß etwas zum Gebiet der Werte gehört; die Verneinung ist der eigentliche Akt der Wertung. Im übrigen verweise ich auf meine Darlegung „Die Tyrannei der Werte", veröffentlicht in der Revista de Estudios Politicos, Nr. 115, Madrid 1961, S. 65—81, und in dem Aufsatz „Der Gegensatz von Gesellschaft und Gemeinschaft, als Beispiel einer zweigliedrigen Unterscheidung. Betrachtungen zur Struktur und zum Schicksal solcher Antithesen" in der Festschrift für Prof. Luis Legaz y Lacambra, Santiago de Compostela, 1960, Bd. I S. 174 ff.

sierung die Weltmächte sich offen oder stillschweigend einigen können. Das würde einen von diesen Weltmächten kontrollierten Krieg ergeben und wäre so etwas wie ein *dogfight*[50]. Es wäre das scheinbar harmlose Spiel einer genau kontrollierten Irregularität und einer „idealen Unordnung", ideal insofern sie von den Weltmächten manipuliert werden könnte.

Daneben gibt es aber auch eine radikal-pessimistische *tabula-rasa*-Lösung der technischen Phantasie. In einem mit modernen Vernichtungsmitteln behandelten Gebiet wäre natürlich alles tot, Freund und Feind, Regulär und Irregulär. Dennoch bleibt es technisch denkbar, daß einige Menschen die Nacht der Bomben und Raketen überleben. Angesichts dieser Eventualität wäre es praktisch und sogar rational zweckmäßig, die Nach-Bomben-Situation miteinzuplanen und heute schon Menschen auszubilden, die in der von Bomben verwüsteten Zone sofort die Bombentrichter besetzen und das zerstörte Gebiet okkupieren. Dann könnte eine neue Art von Partisan der Weltgeschichte ein neues Kapitel mit einer neuen Art von Raumnahme hinzufügen.

So erweitert sich unser Problem in planetarische Dimensionen. Es wächst sogar noch darüber hinaus ins Über-Planetarische. Der technische Fortschritt ermöglicht die Fahrt in kosmische Räume, und dadurch öffnen sich zugleich unermeßliche, neue Herausforderungen für politische Eroberungen. Denn die neuen Räume können und müssen

---

[50] „Endlich entwickeln sich mit der Totalität des Krieges gleichzeitig immer auch besondere Methoden einer nicht totalen Auseinandersetzung und Kräftemessung. Denn zunächst sucht jeder den totalen Krieg, der naturgemäß ein totales Risiko mit sich bringt, zu vermeiden. So haben sich in der Nachkriegszeit die sog. militärischen Repressalien (Korfu-Konflikt 1923, Japan-China 1932), ferner die Versuche nichtmilitärischer Wirtschaftssanktionen nach Art. 16 der Völkerbundssatzung (Herbst 1935 gegen Italien), endlich auch gewisse Methoden der Kraftprobe auf fremdem Boden (Spanien 1936/37) in einer Weise herausgebildet, die ihre richtige Deutung nur im engsten Zusammenhang mit dem totalen Charakter des modernen Krieges finden. Sie sind Übergangs- und Zwischenbildungen zwischen offenem Krieg und wirklichem Frieden; sie erhalten ihren Sinn dadurch, daß der totale Krieg als Möglichkeit im Hintergrunde steht und eine begreifliche Vorsicht die Absteckung gewisser Zwischenräume nahelegt. Nur unter diesem Gesichtspunkt können sie auch völkerrechtswissenschaftlich verstanden werden" (so in dem Aufsatz „Totaler Feind, totaler Krieg, totaler Staat" aus dem Jahre 1937, abgedruckt in „Positionen und Begriffe" 1940 S. 236).

von Menschen genommen werden. Den Land- und Seenahmen alten Stils, wie sie die bisherige Geschichte der Menschheit kennt, würden Raumnahmen neuen Stiles folgen. Dem *Nehmen* aber folgt das *Teilen* und *Weiden*. In dieser Hinsicht bleibt es, trotz allen sonstigen Fortschritts, beim alten. Der technische Fortschritt wird nur eine neue Intensität des neuen Nehmens, Teilens und Weidens bewirken und die alten Fragen nur noch steigern.

Bei dem heutigen Gegensatz von Osten und Westen, und besonders in dem gigantischen Wettlauf um die unermeßlich großen neuen Räume, geht es vor allem um die politische Macht auf unserem Planeten, so klein dieser inzwischen erscheinen mag. Nur wer die angeblich so winzig gewordene Erde beherrscht, wird die neuen Felder nehmen und nutzen. Infolgedessen sind auch diese unermeßlichen Bereiche nichts als potentielle Kampfräume, und zwar eines Kampfes um die Herrschaft auf dieser Erde. Die berühmten Astro- oder Kosmonauten, die bisher nur als propagandistische Star-Größen der Massenmedien, Presse, Rundfunk und Television eingesetzt worden sind, haben dann die Chance, sich in Kosmopiraten und vielleicht sogar noch in Kosmopartisanen zu verwandeln.

Legalität und Legitimität

In der Entwicklung des Partisanentums trat uns die Figur des Generals Salan als eine aufschlußreiche, symptomatische Erscheinung des letzten Stadiums entgegen. In ihr treffen und überschneiden sich die Erfahrungen und Auswirkungen des Krieges regulärer Armeen, des Kolonialkrieges, des Bürgerkrieges und des Partisanenkampfes. Salan hat alle diese Erfahrungen zu Ende gedacht, in der zwangsläufigen Logik des alten Satzes, daß man Partisanen nur auf Partisanenart bekämpfen kann. Das hat er folgerichtig getan, nicht nur mit dem Mut des Soldaten, sondern auch mit der Präzision des Generalstabsoffiziers und der Exaktheit des Technokraten. Das Ergebnis war, daß er selber sich in einen Partisanen verwandelte und schließlich seinem eigenen höchsten Befehlshaber und seiner Regierung den Bürgerkrieg erklärte.

Was ist der innerste Kern eines solchen Schicksals? Der Hauptverteidiger Salans, Maître Tixier-Vignancourt, hat in seinem großen Schlußplädoyer vom 23. Mai 1962 eine Formulierung gefunden, in der die Antwort auf unsere Frage enthalten ist. Er bemerkt zu der Tätigkeit Salans als des Chefs der OAS: ich muß feststellen, daß ein alter militanter Kommunist, wenn er statt eines großen militärischen Chefs an der Spitze der Organisation gestanden hätte, eine andere Aktion zustande gebracht hätte wie der General Salan (S. 530 des Prozeßberichts). Damit ist der entscheidende Punkt getroffen: ein Berufsrevolutionär hätte das anders gemacht. Er hätte nicht nur im Hinblick auf den interessierten Dritten eine andere Position gehabt als Salan.

Die Entwicklung der Theorie des Partisanen von Clausewitz über Lenin zu Mao ist durch die Dialektik von Regulär und Irregulär, von Berufsoffizier und Berufsrevolutionär, vorwärts getrieben worden. Durch die Doktrin des psychologischen Krieges, die französische Offiziere des Indochina-Krieges von Mao übernahmen, ist die Entwicklung nicht etwa, in einer Art von *ricorso*, zum Anfang und Ursprung zurückgekehrt. Hier gibt es keine Rückkehr zum Anfang. Der Partisan kann die Uniform anziehen und sich in einen guten regulären Kämpfer verwandeln, sogar in einen besonders tapferen regulären Kämpfer, ähnlich vielleicht wie man vom Wilderer sagt, daß er einen besonders tüchtigen Waldhüter abgebe. Doch ist das alles abstrakt gedacht. Die Verarbeitung der Lehre Maos durch jene französischen Berufsoffiziere hat in der Tat etwas Abstraktes und, wie es in dem Prozeß Salans einmal genannt wurde, etwas vom *esprit géometrique.*

Der Partisan kann sich leicht in einen guten Uniformträger verwandeln; dem guten Berufsoffizier dagegen ist die Uniform mehr als ein Kostüm. Das Reguläre kann zum institutionalisierten Beruf werden, das Irreguläre nicht. Der Berufsoffizier kann sich in einen großen Ordensstifter verwandeln, wie der Heilige Ignatius von Loyola. Die Verwandlung ins Vor- oder Subkonventionelle bedeutet etwas anderes. Man kann im Dunkeln verschwinden, aber das Dunkel in einen Kampfraum verwandeln, aus dem heraus der bisherige Schauplatz des Imperiums zerstört und die große Bühne der offiziellen Öffentlichkeit aus den Angeln gehoben wird, das ist mit technokratischer Intelligenz nicht zu organisieren. Der Acheron läßt sich nichts vorrechnen und folgt nicht jeder Beschwörung, mag sie von einem noch so klugen Kopf ausgehen, und mag dieser sich in einer noch so verzweifelten Situation befinden.

Es ist nicht unsere Aufgabe, nachzurechnen, was sich die intelligenten und erfahrenen Militärs des Algier-Putsches vom April 1961 und die Organisatoren der OAS mit Bezug auf einige ihnen sehr naheliegende konkrete Fragen ausgerechnet haben, insbesondere hinsichtlich der Wirkung von Terror-Akten auf eine zivilisierte europäische Bevölkerung oder hinsichtlich des oben erwähnten *interessierten Dritten*. Schon diese letzte Frage ist als Frage bedeutungsvoll genug. Wir haben daran erinnert, daß der Partisan einer Legitimierung bedarf, wenn er sich in der Sphäre des Politischen halten und nicht einfach ins Kriminelle absinken will. Die Frage ist mit einigen heute üblich gewordenen billigen Antithesen von Legalität und Legitimität nicht erledigt. Denn die Legalität erweist sich gerade an diesem Fall als die weitaus stärkere Gültigkeit, ja, als das, was sie für einen Republikaner ursprünglich eigentlich war, nämlich als die rationale, die fortschrittliche, die einzig moderne, mit einem Wort: die höchste Form der Legitimität selbst.

Ich möchte nicht wiederholen, was ich seit über dreißig Jahren zu diesem immer noch aktuellen Thema gesagt habe. Ein Hinweis darauf gehört zur Erkenntnis der Situation des republikanischen Generals Salan in den Jahren 1958/61. Die französische Republik ist ein Regime der Herrschaft des Gesetzes; das ist ihr Fundament, das sie durch den Gegensatz von Recht und Gesetz und durch die Unterscheidung des Rechts als einer höheren Instanz nicht zerstören lassen darf. Weder die Justiz noch die Armee steht über dem Gesetz. Es gibt eine republikanische Legalität, und das eben ist in der Republik die einzige Form der Legitimität. Alles andere ist für den echten Republikaner ein republikfeindlicher Sophismus. Der Vertreter der öffentlichen Anklage im Prozeß Salan hatte demnach eine einfache und klare Position; er berief sich immer wieder auf die „Souveränität des Gesetzes", die jeder andern denkbaren Instanz oder Norm überlegen bleibt. Ihr gegenüber gibt es keine Souveränität des Rechts. Sie verwandelt die Irregularität des Partisanen in eine tödliche Illegalität.

Salan hatte demgegenüber kein anderes Argument als den Hinweis darauf, daß er ja selber am 15. Mai 1958 dem General de Gaulle gegen die damalige legale Regierung zur Macht verholfen habe, daß er sich damals vor seinem Gewissen, seinen *Pairs,* seinem Vaterlande und vor Gott engagiert habe und sich jetzt, 1962, um alles das düpiert und betrogen sehe, was im Mai 1958 als heilig ausgegeben und versprochen worden war (Prozeßbericht S. 85). Er berief sich gegen den Staat auf die Nation, gegen die Legalität auf eine höhere Art Legitimität. Auch der General de Gaulle hatte früher oft von traditionaler und nationaler Legitimität gesprochen und sie der republikanischen Legalität entgegengesetzt. Das änderte sich mit dem Mai 1958. Auch die Tatsache, daß seine eigene Legalität erst seit dem Referendum vom September 1958 feststand, änderte nichts daran, daß er spätestens seit jenem September 1958 die republikanische Legalität auf seiner Seite hatte und Salan sich gezwungen sah, die für einen Soldaten verzweifelte Position zu beziehen, sich gegenüber der Regularität auf die Irregularität zu berufen und eine reguläre Armee in eine Partisanenorganisation zu verwandeln.

Doch die Irregularität für sich allein konstituiert nichts. Sie wird einfach Illegalität. Zwar ist eine Krisis des Gesetzes und damit der Legalität heute unbestreitbar. Der klassische Begriff des Gesetzes, dessen Wahrung allein imstande ist, eine republikanische Legalität zu halten, wird vom Plan und von der Maßnahme her in Frage gestellt. In Deutschland ist die Berufung auf das Recht im Gegensatz zum Gesetz selbst bei den Juristen zu einer Selbstverständlichkeit geworden, die kaum noch auffällt. Auch Nicht-Juristen sagen heute einfach immer legitim (und nicht legal), wenn sie sagen wollen, daß sie Recht haben. Der Fall Salan zeigt aber, daß selbst eine in Zweifel gezogene Legalität in einem modernen Staat stärker ist als jede andere Art Recht. Das liegt an der dezisionistischen Kraft des Staates und seiner Verwandlung des Rechts in Gesetz. Wir brauchen das hier nicht zu vertiefen⁵¹. Vielleicht wird das alles ganz anders, wenn der Staat einmal „abstirbt". Vorläufig ist die Legalität der unwiderstehliche Funktionsmodus jeder modernen, staatlichen Armee. Die legale Regierung entscheidet darüber, wer der Feind ist, gegen den die Armee zu kämpfen hat. Wer für sich in Anspruch nimmt, den Feind zu bestimmen, nimmt eine eigene, neue Legalität für sich in Anspruch, wenn er sich der Feindbestimmung der bisherigen legalen Regierung nicht fügen will.

Der wirkliche Feind

Eine Kriegserklärung ist immer eine Feind-Erklärung; das versteht sich von selbst; und bei einer Bürgerkriegserklärung versteht sich das erst recht von selbst. Als Salan den Bürgerkrieg erklärte, sprach er in Wirklichkeit zwei Feinderklärungen aus: gegenüber der algerischen Front die Weiterführung des regulären und irregulären Krieges; gegenüber der französischen Regierung die Eröffnung eines illegalen und irregulären Bürgerkrieges. Nichts macht die Ausweglosigkeit der Situation Salans so deutlich, wie eine Betrachtung dieser doppelten Feinderklärung. Jeder Zwei-Frontenkrieg wirft die Frage auf, wer denn nun der wirkliche Feind ist. Ist es nicht ein Zeichen innerer Gespaltenheit, mehr als einen einzigen wirklichen Feind zu haben? Der Feind ist unsere eigene Frage als Gestalt. Wenn die eigene Gestalt eindeutig bestimmt ist, woher kommt dann die Doppelheit der Feinde? Feind ist nicht etwas, was aus irgendeinem Grunde beseitigt und wegen seines Unwertes vernichtet werden muß. Der Feind steht auf meiner eigenen Ebene. Aus diesem Grunde muß ich mich mit ihm kämp-

---

⁵¹ Den Jakobinern der französischen Revolution war die Heiligkeit ihres Gesetzesbegriffs noch bewußt; sie waren politisch intelligent und mutig genug, um *loi* und *mesure*, *Gesetz* und *Maßnahme* scharf zu trennen, die Maßnahme offen als *revolutionär* zu bezeichnen und eine Verwischung durch Begriffsmontagen wie *Maßnahmegesetz* zu verschmähen. Dieser Ursprung des republikanischen Gesetzesbegriffs ist von Karl Zeidler, Maßnahmegesetz und Klassisches Gesetz (1961) leider verkannt, und damit ist auch das eigentliche Problem verfehlt; vgl. dazu Verfassungsrechtliche Aufsätze (1958) Glosse 3 auf S. 347 und die Stichworte *Legalität* und *Legitimität* im Sachregister S. 512/3. Von Roman Schnur ist eine größere Arbeit mit dem Titel „Studien zum Begriff des Gesetzes" zu erwarten.

fend auseinandersetzen, um das eigene Maß, die eigene Grenze, die eigene Gestalt zu gewinnen.

Salan hielt den algerischen Partisanen für den absoluten Feind. Plötzlich tauchte in seinem Rücken ein für ihn viel schlimmerer, intensiverer Feind auf, die eigene Regierung, der eigene Chef, der eigene Bruder. In seinen Brüdern von gestern sah er plötzlich einen neuen Feind. Das ist der Kern des Falles Salan. Der Bruder von gestern enthüllte sich als der gefährlichere Feind. Im Feindbegriff selbst muß eine Verwirrung liegen, die mit der Lehre vom Krieg zusammenhängt und deren Klärung wir jetzt, zum Schluß unserer Darlegung versuchen.

Ein Historiker wird für alle geschichtlichen Situationen Beispiele und Parallelen in der Weltgeschichte finden. Parallelen mit Vorgängen aus den Jahren 1812/13 der preußischen Geschichte haben wir schon angedeutet. Wir haben auch gezeigt, wie der Partisan in den Ideen und Plänen der preußischen Heeresreform von 1808/13 seine philosophische Legitimierung und in dem preußischen Landsturmedikt vom April 1813 sein geschichtliches Akkreditiv erhalten hat. So wird es nicht mehr ganz so befremden, wie es auf den ersten Blick anzunehmen wäre, wenn wir zur besseren Herausarbeitung der Kernfrage die Situation des preußischen Generals York vom Winter 1812/13 als Gegenbeispiel heranziehen. Zunächst fallen natürlich die enormen Gegensätze ins Auge: Salan, ein Franzose linksrepublikanischer Herkunft und modern-technokratischer Prägung, gegenüber einem General der königlich-preußischen Armee des Jahres 1812, der bestimmt nicht auf den Gedanken gekommen wäre, seinem König und obersten Kriegsherrn den Bürgerkrieg zu erklären. Angesichts solcher Verschiedenheiten der Zeit und des Typus erscheint es nebensächlich und sogar zufällig, daß auch York als Offizier in den Kolonien Ostindiens gekämpft hat. Im übrigen machen gerade die auffälligen Gegensätze um so schärfer deutlich, daß die Kernfrage die gleiche ist. Denn in beiden Fällen handelte es sich darum, zu entscheiden, wer der wirkliche Feind war.

Dezisionistische Exaktheit beherrscht das Funktionieren jeder modernen Organisation, insbesondere jeder modernen, regulären staatlichen Armee. Dabei stellt sich die Kernfrage für die Situation eines heutigen Generals sehr präzise als ein absolutes Entweder-Oder. Die schneidende Alternative von Legalität und Legitimität ist erst eine Folge der französischen Revolution und ihrer Auseinandersetzung mit der 1815 restaurierten legitimen Monarchie. In einer vorrevolutionären legitimen Monarchie wie dem damaligen Königreich Preußen hatten sich viele feudale Elemente der Beziehung von Vorgesetztem und Untergebenem erhalten. Die Treue war noch nicht etwas „Irrationales" geworden und hatte sich noch nicht in einen bloßen, berechenbaren Funktionalismus aufgelöst. Preußen war schon damals in ausgeprägter Weise *Staat;* seine Armee konnte die friderizianische Herkunft nicht verleugnen; die preußischen Heeresreformer wollten modernisieren und nicht etwa in irgendeine Art von Feudalität zurückkehren. Trotzdem mag das Ambiente der damaligen legitimen preußischen Monarchie dem heutigen Betrachter auch im Konfliktsfall weniger scharf und schneidend, weniger dezisionistisch-staatlich erscheinen. Darüber braucht hier nicht gestritten zu werden. Es kommt nur darauf an, daß die Eindrücke der verschiedenen Zeitkostüme die Kernfrage nicht verwischen, nämlich die Frage nach dem wirklichen Feind.

York kommandierte 1812 die preußische Divison, die als verbündete Truppe Napoleons zur Armee des französischen Generals Macdonald gehörte. Im Dezember 1812 ging York zum Feind, zu den Russen, über und schloß mit dem russischen General von Diebitsch die Konvention von Tauroggen. Bei den Verhandlungen und beim Abschluß wirkte der Oberstleutnant von Clausewitz auf der russischen Seite als Unterhändler mit. Das Schreiben, das York am 3. Januar 1813 an seinen König und obersten Befehlshaber richtete, ist ein berühmtes geschichtliches Dokument geworden. Mit Recht. Der preußische General schreibt in großer Ehrerbietung, daß er vom König das Urteil darüber erwarte, ob er, York, „gegen den wirklichen Feind" vorrücken solle, oder ob der König die Tat seines Generals verurteile. Beidem sehe er mit derselben treuen Hingebung entgegen, bereit, im Falle der Verurteilung, „auf dem Sandhaufen ebenso wie auf dem Schlachtfeld die Kugel zu erwarten".

Das Wort vom „wirklichen Feind" ist eines Clausewitz würdig und trifft den Kern. Es steht tatsächlich so in dem Brief des Generals York an seinen König. Daß der General bereit ist, „auf dem Sandhaufen die Kugel zu erwarten", gehört zum Soldaten, der für seine Tat einsteht, nicht anders wie der General Salan bereit war, in den Gräben von Vincennes vor dem Exekutionskommando *Vive la France!* zu rufen. Daß York sich aber, bei aller Ehrerbietung vor dem König, die Entscheidung darüber vorbehält, wer der „wirkliche Feind" ist, das gibt seinem Schreiben den eigentlichen, tragischen und rebellischen Sinn. York war kein Partisan und wäre es wohl nie geworden. Doch vom Sinn und Begriff des wirklichen Feindes her wäre der Schritt ins Partisanentum weder sinnwidrig noch folgewidrig gewesen.

Freilich ist das nur eine heuristische Fiktion, die zulässig ist für den kurzen Augenblick, in dem preußische Offiziere den Partisanen zu einer Idee erhoben hatten, also nur für diese Wendezeit, die zum Landsturmedikt vom 13. April 1813 geführt hat. Schon wenige Monate später wäre der Gedanke, daß ein preußischer General zum Partisanen werden könnte, selbst als heuristische Fiktion grotesk und absurd geworden und er wäre das wohl auch für immer geblieben, solange es eine preußische Armee gab. Wie war es möglich, daß der Partisan, der im 17. Jahrhundert zum Pícaro herabgesunken war und im 18. Jahrhundert zur leichten Truppe gehörte, um die Jahreswende 1812/13 für einen Augenblick als heroische Figur erschien, um dann in unserer Zeit, über hundert Jahre später, sogar zu einer Schlüsselfigur des Weltgeschehens zu werden?

Die Antwort ergibt sich daraus, daß die Irregularität des Partisanen vom Sinn und Inhalt eines konkret Regulären abhängig bleibt. Nach der Auflösung, die für das 17. Jahrhundert in Deutschland kennzeichnend war, hatte sich im 18. Jahrhundert eine Regularität der Kabinettskriege entwickelt. Sie gab dem Krieg so starke Hegungen, daß er als ein Spiel aufgefaßt werden konnte, in welchem die leichte, bewegliche Truppe irregulär mitspielte und der Feind als ein bloß konventioneller Feind zum Gegenspieler eines Kriegsspieles wurde. Der spanische Guerrilla-Krieg setzte ein, als Napoleon im

Herbst 1808 die reguläre spanische Armee besiegt hatte. Hier lag der Unterschied gegenüber Preußen 1806/7, das nach der Niederlage seiner regulären Armee sofort einen demütigenden Frieden schloß. Der spanische Partisan stellte den Ernst des Krieges wieder her, und zwar gegenüber Napoleon, demnach auf der Defensivseite der alten europäischen Kontinental-Staaten, deren zu Konvention und Spiel gewordene, alte Regularität sich der neuen, revolutionär aufgeladenen, napoleonischen Regularität nicht mehr gewachsen zeigte. Der Feind wurde dadurch wieder zum wirklichen Feind, der Krieg wieder zum wirklichen Krieg. Der Partisan, der den nationalen Boden gegen den fremden Eroberer verteidigt, wurde zum Helden, der einen wirklichen Feind wirklich bekämpfte. Das war ja der große Vorgang, der Clausewitz zu seiner Theorie und zur *Lehre vom Kriege* geführt hatte. Als dann hundert Jahre später die Kriegstheorie eines Berufsrevolutionärs wie Lenin alle überkommenen Hegungen des Krieges blindlings zerstörte, wurde der Krieg zum absoluten Krieg und der Partisan zum Träger der absoluten Feindschaft gegen einen absoluten Feind.

Vom wirklichen zum absoluten Feind

In der Theorie des Krieges geht es immer um die Unterscheidung der Feindschaft, die dem Kriege seinen Sinn und seinen Charakter gibt. Jeder Versuch einer Hegung oder Begrenzung des Krieges muß von dem Bewußtsein getragen sein, daß — im Verhältnis zum Begriff des Krieges — Feindschaft der primäre Begriff ist, und daß der Unterscheidung verschiedener Arten des Krieges eine Unterscheidung verschiedener Arten der Feindschaft vorangeht. Sonst sind alle Bemühungen um eine Hegung oder Begrenzung des Krieges nur ein Spiel, das den Ausbrüchen einer wirklichen Feindschaft nicht standhält. Nach den napoleonischen Kriegen war der irreguläre Krieg aus dem allgemeinen Bewußtsein der europäischen Theologen, Philosophen und Juristen verdrängt. Es gab tatsächlich Friedensfreunde, die in der Abschaffung und Ächtung des konventionellen Krieges der Haager Landkriegsordnung das Ende des Krieges überhaupt erblickten; und es gab Juristen, die jede Lehre vom gerechten Krieg für etwas *eo ipso* Gerechtes hielten, weil ja schon der Heilige Thomas von Aquin dergleichen gelehrt habe. Keiner ahnte, was die Entfesselung des irregulären Krieges bedeutete. Keiner hat bedacht, wie sich der Sieg des Zivilisten über den Soldaten auswirkt, wenn eines Tages der Bürger die Uniform anzieht, während der Partisan sie auszieht, um ohne Uniform weiterzukämpfen.

Erst dieser Mangel an konkretem Denken hat das Zerstörungswerk der Berufsrevolutionäre vollendet. Das war ein großes Unglück, denn mit jenen Hegungen des Krieges war der europäischen Menschheit etwas Seltenes gelungen: der Verzicht auf die Kriminalisierung des Kriegsgegners, also die Relativierung der Feindschaft, die Verneinung der absoluten Feindschaft. Es ist wirklich etwas Seltenes, ja unwahrscheinlich Humanes, Menschen dahin zu bringen, daß sie auf eine Diskriminierung und Diffamierung ihrer Feinde verzichten.

Eben das scheint nun durch den Partisanen wieder in Frage gestellt. Zu seinen Kriterien gehört ja die äußerste Intensität des politischen Engagements. Wenn Guevara sagt: „Der Partisan ist der Jesuit des Krieges", so denkt er an die Unbedingtheit des politischen Einsatzes. Die Lebensgeschichte jedes berühmten Partisanen, vom *Empecinado* angefangen, bestätigt das. In der Feindschaft sucht der rechtlos Gemachte sein Recht. In ihr findet er den Sinn der Sache und den Sinn des Rechts, wenn das Gehäuse von Schutz und Gehorsam zerbricht, das er bisher bewohnte, oder das Normengewebe der Legalität zerreißt, von dem er bisher Recht und Rechtsschutz erwarten konnte. Dann hört das konventionelle Spiel auf. Doch braucht dieses Aufhören des Rechtsschutzes noch kein Partisanentum zu sein. Michael Kohlhaas, den das Rechtsgefühl zum Räuber und Mörder machte, war kein Partisan, weil er nicht politisch wurde und ausschließlich für sein eigenes verletztes privates Recht kämpfte, nicht gegen einen fremden Eroberer und nicht für eine revolutionäre Sache. In solchen Fällen ist die Irregularität unpolitisch und wird rein kriminell, weil sie den positiven Zusammenhang mit einer irgendwo vorhandenen Regularität verliert. Dadurch unterscheidet sich der Partisan vom — edlen oder unedlen — Räuberhauptmann.

Wir haben bei der Erörterung des weltpolitischen Zusammenhangs (oben S. 77) betont, daß der *interessierte Dritte* eine wesentliche Funktion wahrnimmt, wenn er den Bezug zum Regulären liefert, dessen die Irregularität des Partisanen bedarf, um in dem Bereich des Politischen zu bleiben. Der Kern des Politischen ist nicht Feindschaft schlechthin, sondern die Unterscheidung von Freund und Feind und setzt beides, Freund *und* Feind voraus. Der am Partisanen interessierte mächtige Dritte mag noch so egoistisch denken und handeln; er steht mit seinem Interesse politisch auf der Seite des Partisanen. Das wirkt sich als politische Freundschaft aus und ist eine Art der politischen Anerkennung, auch wenn es nicht zu öffentlichen und förmlichen Anerkennungen als kriegführende Partei oder als Regierung kommt. Der *Empecinado* war durch sein Volk, die reguläre Armee und die englische Weltmacht als politische Größe anerkannt. Er war kein Michael Kohlhaas und auch kein Schinderhannes, dessen interessierte Dritte Hehlerbanden waren. Die politische Situation Salans dagegen ging in einer verzweifelten Tragik unter, weil er innerpolitisch, im eigenen Vaterland, illegal wurde und draußen, in der Weltpolitik, nicht nur keinen interessierten Dritten fand, sondern, im Gegenteil, auf die kompakte feindliche Front des Antikolonialismus stieß.

Der Partisan hat also einen wirklichen, aber nicht einen absoluten Feind. Das folgt aus seinem politischen Charakter. Eine andere Grenze der Feindschaft folgt aus dem tellurischen Charakter des Partisanen. Er verteidigt ein Stück Erde, zu dem er eine autochthone Beziehung hat. Seine Grundposition bleibt defensiv trotz der gesteigerten Beweglichkeit seiner Taktik. Er verhält sich genau so, wie es die Heilige Johanna von Orléans vor dem geistlichen Gericht präzisierte. Sie war keine Partisanin und kämpfte regulär gegen die Engländer. Als ihr vom geistlichen Richter die Frage — eine theologische Fangfrage — gestellt wurde, ob sie behaupten wolle, daß Gott die Engländer haßt, antwortete sie: „Ob Gott die Engländer liebt oder haßt, weiß ich nicht; ich weiß nur, daß sie aus Frankreich vertrieben werden müssen." Diese Antwort würde jeder normale Partisan der Verteidigung des nationalen Bodens gegeben haben. Mit einer solchen grundsätzlichen Defensive ist auch die grundsätzliche Beschränkung

94 Aspekte und Begriffe des letzten Stadiums

der Feindschaft gegeben. Der wirkliche Feind wird nicht zum absoluten Feind erklärt, und auch nicht zum letzten Feind der Menschheit überhaupt[52].

Lenin hat den begrifflichen Schwerpunkt vom Krieg auf die Politik, d. h. auf die Unterscheidung von Freund und Feind verlagert. Das war sinnvoll und nach Clausewitz eine folgerichtige Weiterführung des Gedankens vom Krieg als einer Fortsetzung der Politik. Nur ging Lenin als Berufsrevolutionär des Weltbürgerkrieges noch weiter und machte aus dem wirklichen Feind den absoluten Feind. Clausewitz hat vom absoluten Krieg gesprochen, aber immer noch die Regularität einer bestehenden Staatlichkeit vorausgesetzt. Er konnte sich den Staat als Instrument einer Partei und eine Partei, die dem Staat befiehlt, überhaupt noch nicht vorstellen. Mit der Absolutsetzung der Partei war auch der Partisan absolut geworden und zum Träger einer absoluten Feindschaft erhoben. Es ist heute nicht schwer, den gedanklichen Kunstgriff zu durchschauen, der diese Veränderung des Feindbegriffes bewirkte. Dagegen ist heute eine andere Art der Absolutsetzung des Feindes weitaus schwieriger zu widerlegen, weil sie der vorhandenen Wirklichkeit des nuklearen Zeitalters immanent zu sein scheint.

Die technisch-industrielle Entwicklung hat nämlich die Waffen des Menschen zu reinen Vernichtungsmitteln gesteigert. Dadurch wird ein aufreizendes Mißverhältnis von Schutz und Gehorsam geschaffen: die eine Hälfte der Menschen wird zu Geiseln für den mit atomaren Vernichtungsmitteln ausgerüsteten Machthaber der andern Hälfte. Solche absoluten Vernichtungsmittel erfordern den absoluten Feind, wenn sie nicht absolut unmenschlich sein sollen. Es sind ja

---

[52] „Solche Kriege (die sich als jeweils endgültig letzte Kriege der Menschheit ausgeben) sind notwendigerweise besonders intensive und unmenschliche Kriege, weil sie, über das Politische hinausgehend, den Feind gleichzeitig in moralischen und anderen Kategorien herabsetzen und zum unmenschlichen Scheusal machen müssen, das nicht nur abgewehrt, sondern definitiv vernichtet werden muß, also nicht mehr nur ein in seine Grenzen zurückzuweisender Feind ist. An der Möglichkeit solcher Kriege zeigt sich aber besonders deutlich, daß der Krieg als reale Möglichkeit heute noch vorhanden ist, worauf es für die Unterscheidung von Freund und Feind und für die Erkenntnis des Politischen allein ankommt" (Der Begriff des Politischen, S. 37).

nicht die Vernichtungsmittel, die vernichten, sondern Menschen vernichten mit diesen Mitteln andere Menschen. Der englische Philosoph Thomas Hobbes hat den Kern des Vorgangs schon im 17. Jahrhundert (de homine IX, 3) erfaßt und mit aller Exaktheit formuliert, obwohl damals (1659) die Waffen noch vergleichsweise harmlos waren. Hobbes sagt: der Mensch ist andern Menschen, von denen er sich gefährdet glaubt, um ebensoviel gefährlicher als jedes Tier, wie die Waffen des Menschen gefährlicher sind als die sogenannten natürlichen Waffen des Tieres, zum Beispiel: Zähne, Pranken, Hörner oder Gift. Und der deutsche Philosoph Hegel fügt hinzu: die Waffen sind das Wesen der Kämpfer selbst.

Konkret gesprochen bedeutet das: die suprakonventionelle Waffe supponiert den suprakonventionellen Menschen. Sie setzt ihn nicht etwa nur als ein Postulat einer ferneren Zukunft voraus; sie unterstellt ihn vielmehr als eine bereits vorhandene Wirklichkeit. Die letzte Gefahr liegt also nicht einmal in dem Vorhandensein der Vernichtungsmittel und einer praemeditierenden Bosheit der Menschen. Sie besteht in der Unentrinnbarkeit eines moralischen Zwanges. Die Menschen, die jene Mittel gegen andere Menschen anwenden, sehen sich gezwungen, diese anderen Menschen, d. h. ihre Opfer und Objekte, auch moralisch zu vernichten. Sie müssen die Gegenseite als Ganzes für verbrecherisch und unmenschlich erklären, für einen totalen Unwert. Sonst sind sie eben selber Verbrecher und Unmenschen. Die Logik von Wert und Unwert entfaltet ihre ganze vernichtende Konsequenz und erzwingt immer neue, immer tiefere Diskriminierungen, Kriminalisierungen und Abwertungen bis zur Vernichtung allen lebensunwerten Lebens.

In einer Welt, in der sich die Partner auf solche Weise gegenseitig in den Abgrund der totalen Entwertung hineinstoßen, bevor sie sich physisch vernichten, müssen neue Arten der absoluten Feindschaft entstehen. Die Feindschaft wird so furchtbar werden, daß man vielleicht nicht einmal mehr von Feind oder Feindschaft sprechen darf und beides sogar in aller Form vorher geächtet und verdammt wird, bevor das Vernichtungswerk beginnen kann. Die Vernichtung wird dann ganz abstrakt und ganz absolut. Sie richtet sich überhaupt nicht mehr gegen einen Feind, sondern dient nur noch einer angeblich objektiven Durchsetzung höchster Werte, für die bekanntlich kein Preis zu hoch ist. Erst die Ableugnung der wirklichen Feindschaft macht die Bahn frei für das Vernichtungswerk einer absoluten Feindschaft.

Im Jahre 1914 sind die Völker und Regierungen Europas ohne wirkliche Feindschaft in den ersten Weltkrieg hineingetaumelt. Die wirkliche Feindschaft entstand erst aus dem Kriege selbst, der als ein konventioneller Staatenkrieg des europäischen Völkerrechts begann und mit einem Weltbürgerkrieg der revolutionären Klassenfeindschaft endete. Wer wird es verhindern, daß in einer analogen, aber noch unendlich gesteigerten Weise, unerwartet neue Arten der Feindschaft entstehen, deren Vollzug unerwartete Erscheinungsformen eines neuen Partisanentums hervorruft?

Der Theoretiker kann nicht mehr tun als die Begriffe wahren und die Dinge beim Namen nennen. Die Theorie des Partisanen mündet in den Begriff des Politischen ein, in die Frage nach dem wirklichen Feind und einem neuen Nomos der Erde.